全汉昇 著

全漢昇全集

上海市"十四五"重点出版物出版规划项目

中国行会制度史

上海财经大学出版社
上海学术·经济学出版中心

图书在版编目(CIP)数据

中国行会制度史 / 全汉昇著. -- 上海：上海财经大学出版社，2025.1
（全汉昇全集）
ISBN 978-7-5642-4411-8/F·4411

Ⅰ.①中… Ⅱ.①全… Ⅲ.①行会制度-历史-中国 Ⅳ.①F129

中国国家版本馆CIP数据核字(2024)第105838号

本书由上海市促进文化创意产业发展财政扶持资金资助出版

□ 责任编辑　姚　玮
□ 封面设计　桃　夭

中国行会制度史
全汉昇　著

上海财经大学出版社出版发行
（上海市中山北一路369号　邮编200083）
网　　址：http://www.sufep.com
电子邮箱：webmaster@sufep.com
全国新华书店经销
苏州市越洋印刷有限公司印刷装订
2025年1月第1版　2025年1月第1次印刷

710mm×1000mm　1/16　7.5印张（插页：2）　108千字
定价：58.00元

编 委 会

主 编
杨永汉　张伟保

编辑委员会
杨永汉　张伟保　郑润培
陈俊仁　赵善轩　罗志强

学术顾问
赵　潜　王业键　黎志刚
许倬云　陈慈玉　何汉威
朱荫贵　李金强　郑永常

总　序

全汉昇先生献身于中国经济史研究逾60年,他的学术贡献深受同道重视。他毕生孜孜不息,从20世纪30年代开始,筚路蓝缕,穷研史料,挖掘新问题,开拓新领域;并且毕生不断地吸取西方经济史研究的新观念与新成果。同时尽心提携后进,可说他大力带动了中国经济史研究的新风气,开拓了新视野,提升了研究水准。

固然在长达60多年的学术生涯中,他所钻研的议题随时间的流转与工作地点的改变而异,但治学态度始终如一,并且有其连贯性。如果以他所研究的时代来划分:1949年以前,他的研究范围上溯汉末,下及元代,而以唐宋经济史为主;此年以后专注于明清近代经济的探讨。如以他工作的地点来观察,则1949~1965年主要是在中国台湾地区任教,1965~1995年在中国香港地区任教。他所研究的议题包括货币经济、物价、财政、城市、经济组织、交通运输、国内商业、国际贸易以及近代工业化等,成果丰硕。全先生登上历史研究的舞台时,适值中国社会经济史研究的兴起并走向黄金时代,当时学界展开了20世纪20年代末期到30年代的中国社会史论战。他以踏实严谨的态度研究唐宋经济史,指出汉末以后到唐代中叶以前的中古时期很明显地可自成一个阶段,与此时期以前及以后是不同阶段的社会,此点有力地反驳了社会停滞论者。而在全球化议题被广泛关注的今日,我们重新检视他对近代中国经济史的贡献,发现他的国际贸易与工业化研究是下意识地反省此现象,就此意义而言,其研究可以说具有前瞻性。

他在1935年毕业于北京大学历史学系,因陈受颐主任的推荐,得以进入"中央研究院"历史语言研究所。大学时期,他已经开始其研究生涯的第一阶段,他当时深受政治系陶希圣教授及"中央研究院"历史语言研究所所长、史学系傅斯年教授的影响。陶希圣教授讲授中国社会经济史,全先生跨系修读,对其极具兴趣,感到这门学问亟待开发的新领域甚多,遂决定以此为终生志业。傅斯年教授治学求博求深,教导学生认真搜罗史料,不尚空言,这种务实求真的治学态度,日后遂成为全先生的治学方针。他的中古经济史研究可以说是陶希圣与傅斯年两位师长学风的结合。

全先生的学术生涯在1944年面临转折。该年他蒙傅斯年和"中央研究院"社会科学研究所陶孟和两位所长的提拔,获派到美国哈佛大学、哥伦比亚大学和芝加哥大学3所著名学府进修,向Abbott P. Usher、Shepherd B. Clough、John U. Nef等经济史大师学习,汲取西洋经济史学界的新观念、新方法与新成果,并且与西方经济史学家建立了联系渠道,奠定了日后中西学术交流的基础。其中,John U. Nef 的 *The Rise of the British Coal Industry* 一书,详细地分析了英国煤矿业的兴起与当地交通运输、资本、技术等因素的关系,亦论及煤矿业及其相关的钢铁业在英国资本主义发展过程中所扮演的举足轻重的角色。他当时深受此书的启发,又觉得日本于明治维新以后,短短70年的经济发展,即能脱胎换骨,威胁美、英两国,究其原因,工业化乃是日本踏上侵略亚洲之途的动力。并且他远离当时贫困的家园,亲身体验美国富庶的物质文明,不免感慨万分,所以开始推敲近代中国工业化迟缓的问题,并以《唐宋政府岁入与货币经济的关系》(1948年)一文,为其中古史研究划下终止符。

来台湾以后,他一方面从汉阳铁厂着手,钻研近代中国工业化的问题;另一方面在《社会科学论丛》《财政经济月刊》等期刊撰文,论述西方先进国家的工业化、日本与"二战"前后远东的经济,以及台湾的工业化问题。同时,全先生与Dr. Arthur F. Raper、台湾大学社会系陈绍馨教授等人,率领一群台大经济系学生,针对台湾的城市与工厂,做了详尽的调查工作。这可以说是一向埋首于故纸、古书中的全先生,生平唯一的一次田野调查工作。1954年,根据当时田野工作而以中、英两种文字出版了《台湾之城市与工业》，这本书应有助于学界对第二次世界大战后初期台湾地区经济的了解。

1961年9月，全先生第三度到美国，两年的时间里先后在芝加哥大学、华盛顿大学和哈佛大学访问。当时他看到了1903～1909年间在美国克利夫兰（Cleveland）出版的《1493～1898年的菲律宾群岛》这一重要史料，开启了他从中国、菲律宾、西班牙的三角贸易关系来论析美洲白银与中国丝绸贸易的研究之门。1965年11月，全先生到香港后，身处国际贸易明珠，更深深地感受到了16世纪以来东西方经济交流在中国经济史上的重要性。此后在香港30载，他将中西贸易与明清时期的金属货币制度（银两和铜钱兼充市场交易的媒介和支付的工具）相联结，从银铜等币材的供给面思考，希企完成他自30岁以来对中国货币史的体系化研究。他因此厘清了同时期中国与西班牙、葡萄牙、荷兰、日本等国的贸易关系，扩大了中国经济史的视野。他有关明清时期中国国际贸易与金银比价方面的论文多达25篇，可谓研究生涯晚期最珍贵的结晶，也为后进开拓了新课题。

全先生于1967年和1971年先后在香港的《新亚学报》和台北的《"中央研究院"历史语言研究所集刊》，分别发表《宋明间白银购买力的变动及其原因》和《自宋至明政府岁出入中钱银比例的变动》两篇学术论文，他经由论述白银成为货币的过程，联结了早期的唐宋经济史研究和晚期的明清经济史研究。而1987年于台北出版的《明清经济史研究》一书中，则指出自明清以来输入大量白银，却不进口机器等物，是中国工业发展落后的一个因素。亦即他所关注的明清白银流入问题，不仅和他的货币经济与物价史研究有关，也关系到他的中国工业化研究。易言之，在长达60多年的学术生涯中，全先生最关注的议题，虽然因时因地而有所改变，但依然可见其延续性。

全先生的研究课题所跨越的时间，自汉代而迄抗战前夕，可谓源远流长，据初步统计其出版品，共有专著9种、论文116篇、书评10篇，以及杂著9篇，其内容有专精者，亦不乏博通之类。已故哈佛大学杨联陞教授曾经题诗称誉全先生："妙年唐宋追中古，壮岁明清迈等伦；经济史坛推祭酒,雄才硕学两超群。"可以说具体系统地勾勒了他在学术上的重要贡献。

全先生自北京大学毕业以后,终身服务于"中央研究院"历史语言研究所。他刚进史语所时,只知遵照傅斯年先生"闭门读书"的指示,却因此养成习惯,"上穷碧落下黄泉,动手动脚找东西",找资料和写论文乃成为他一生中的工作与兴趣。或许因为不善于言辞表达,除非必要,他很少开口;然而全先生先后在台湾大学、香港中文大学和新亚研究所等讲授了50载的中国经济史,也曾在台湾大学经济系教授西洋经济史,培育了不少人才。他上课时常用一些有趣的名言,例如以"月明桥上看神仙",描写江南的繁华,让人留下深刻的印象。1980年他更应日本基金会之邀,前往东洋文库、东京大学和京都大学讲学半年。第二次世界大战后70多年来,中国的研究条件大大地改善,现今中国经济史研究的面貌,与全先生拓荒时已不能同日而语,但毫无疑问,他在这一领域所灌注的心血,是我们晚辈所永远铭记的。

全先生的著作曾经在香港地区、台湾地区和北京分别出版,一些早期期刊上的论文往往很难入手,不易阅读。此次承蒙杨永汉、张伟保、郑润培、陈俊仁、赵善轩和罗志强等诸位学长组成编辑委员会,费尽心血收集所有论著及其相关书评、杂文等,交由上海财经大学出版社编排印刷简体字版,编委会并尽心尽力校对全集,力求完美,实属可贵。家属谨致由衷的谢忱,衷心期盼全集的问世能让生活在全球化时代的现今学子重新审视历史上国际贸易、货币金融与工业化等议题的重要性与关联性。

陈慈玉

2022年4月23日

许倬云先生《全汉昇全集》序

奉读来函,应邀为全汉昇先生大作的全集作序。一时之间,感慨甚深。全先生是我的前辈,在史语所中属于第二代。他那一代,劳师贞一、严师归田以及全先生三人被称为史语所历史组的"三杰"。他们三人各有成就,也可以说在自己的领域里,都是领军人物。现在他们三人都走了,而居然要我第三代的人撰序,原本是不敢当的。可是,仔细一想,我这第三代的人竟已是92岁了。哪里再去找一个他们的同辈人,为我的长辈撰序呢?

言归正传,全先生一生的撰述,是从他还没有从北京大学毕业时,就加入了《食货》杂志的阵营。当时有全先生、杨联陞先生和武仙卿先生,他们从中国历史发展的实际形态,以矫正当时流行的"为主义而治学"的浮夸之风。这一务实治学的习惯,终其一生不变。从北大毕业后,他由北大的陈受颐教授推荐,进入"中央研究院"史语所工作。史语所的所长傅孟真先生很清楚全先生的治学经历,欣然接受:"你的治学方法和史语所非常吻合。在这里,你会如同在自己家里一样,希望我们终身合作。"

全先生的著作,正如他的学生和儿媳陈慈玉所说,可以分成三个阶段。

第一个阶段是在史语所,他不单继续了《食货》杂志时期研究经济制度的线索,而且在这个范围之内,从秦汉研究到唐宋,累积了许多研究成果,包括交通、市场、货币、生产、税收及国际关系等不同的现象。他终于肯定地指出,在汉代几乎走向"货币经济"的时代,中间有个转折,出现了东汉以后以至于南北朝甚至于唐代初期的,以实物交换品为基础的"自然经济"。然后他肯定唐代中期以后延伸到宋代的这段时期,是中国"货币经济"完全确立的阶段。

第二个阶段,到了台湾,他继续在大陆时已经开始思索的问题:中国在近代化的过程中,如何开始踏上工业化的途径?他的研究,从汉冶萍公司开始。因为这个厂是中国第一个现代大规模生产重要资源的工厂。他考察到制度中官督商办的利弊,也指出如果官家办厂,好处是可以投入大量的资金,不需要从民间筹款,这对于工业化起步是比较方便的一个步骤。在这一个阶段,他讨论的课题,实际上扩大到工业开展的不同形式;而且指出,即使以设立钢铁厂而论,也必须考虑到许多投入的资源——水、燃料、制造机件的原料等。而在产出方面,也要想到运销的问题,找到市场在何处,如何与人竞争等。其中两端之间,还必须考虑到组织管理的制度,工厂技术人员的招聘和训练,以及一般劳工的聘雇和照顾。因此,他在这个阶段的工作,实际上是着重之后中国走向现代化的经济时,这些全面的思考必须早日着手。

在20世纪50年代末期,全先生应李济之先生之邀,在李先生代理"中央研究院"院长的任期,担任总干事。两年之后,胡适之先生回台,担任院长。胡先生挽留他继续以总干事的职位辅助院务。可是,不久之后,他应芝加哥大学之聘赴美研究,也就终于离开了行政职务回到研究工作。

第三个阶段,他在美国不仅在芝加哥大学做研究,同时还访问好几所其他大学的经济系,与当时各处的经济学专家切磋学问。1965年,他应聘在香港担任中文大学新亚书院教授,其后更获聘为新亚书院校长。在香港时期,他有非常安定的研究环境,也能用到香港各处保留的国际贸易资料,于是他的研究主题就进入"中国历史上的国际贸易"这一课题。

他研究过中国明代的贸易,牵扯到当时"倭寇"和海盗等各种贸易性质,然后逐渐进入三角贸易的研究,讨论西班牙银元,中国的丝绸、瓷器,美国的市场以及中国和日本之间各种不同产品的交换,而且涉及日本和中国如何在这个过程中进行银铜的交换。这许多复杂的关系,使他理解了:任何区间贸易,都会走到接近于全球化的大市场。在这个过程中,他也研究过明代国内市场各地区之间的交换和贸易。当时他就指出,很难有小地区之间直接双向交换的市场,任何这一类的交换都会被卷入更大地区的复杂商业流通。他指出的现象,确实是西方经济史研究中一个很重要的项目。但是那些研究通常是从西洋国家全球性的殖民行为后,逐渐扩散而造成的全球市场化。以至于在20世纪后半期,国际经济行为中肯定了全球化的必然性。而那个时候,才出现了WTO(世界贸易组织)。

全先生终身研究致力于这三个现象,而这三个现象实际上又是互相关联的。他的研究工作,涵盖面之广阔,深入面之透彻,使全先生的著作成为中国经济史研究的典范。他的一生都在训练学生,成为专家后,分别在各处工作。他的影响,还会继续由这些弟子们提升。

言念及此,想到全先生谈话的音容,一口广东国语,使他言辞不能完全顺畅,但是句句触动人心,结合成一串的逻辑思考。我今天能够得此荣幸为长者的全集撰写序文,不仅是荣幸而已,也是由此寄托第三代弟子对两代师长的思念和感激。

许倬云谨序
2022年3月31日,于匹兹堡

重印本《中国行会制度史》导读[*]

本书从初版(1934年)到现在,跨越两个世纪,其间虽由中国台湾台北食货出版社于1978年据原版影印刊行,但随着食货出版社在1988年结束营业,这本书早已绝版多时。这样一本老书,是否尚有重印的价值及必要?更何况作者全汉昇(1912—2001)先生生前即对笔者提及这是他22岁,就读大学三年级时的课业,完全是不成熟之作。笔者对此确实不无疑虑,但经过细思后,疑虑即涣然冰释。对中国工商行会研究成绩最为卓著的已故经济史家彭泽益教授近二十年前便指出:"回顾中国行会史的研究,可以说,过去国外研究的成果反而要比国内多一些。长时期国内只有20世纪30年代出版的一本《中国行会制度史》和寥寥可数的一般通论式的文章。"[①]当时学术界因条件所限,对中国行会史的研究未予足够的重视的情况下,全先生这本书在学术史上所具有的意义,越来越为相关研究的学者所重视。21世纪初,专攻近代工商同业组织的转型及其在近代社会经济发展过程中的角色与作用的青年学者彭南生博士认为:"20世纪30年代,全汉昇出版了《中国行会制度史》。这是研究中国工商业同业组织的开创性之作,是一部探讨从行会的起源、萌芽直到近代的手工业行会、商业行会、苦力帮的通史性著作,为后学打下了一定的基础。"[②]最近研究近代中国新式商人社团最有成绩的朱英教授在其主编的书中对本书的学

---

[*] 编者按:导读原载全汉昇,《中国行会制度史》(百花文艺出版社,2007)第1—2页。
[①] 彭泽益,《导论·中国工商业行会史研究的几个问题》,第1页;载彭泽益主编,《中国工商行会史料集》(北京:中华书局,1995)。(编者按:本文初发表于《历史研究》1988.6。)
[②] 彭南生,《行会制度的近代命运》(北京:人民出版社,2003),第1页。

术重要性更作如下的评估:"20世纪上半期,中国行会史研究在初期起步的基础上逐渐取得发展。……其表现之二,是出版了全汉昇的专著《中国行会制度史》,该书是中国人撰写的第一部专门研究行会与同业公会的学术著作,可以说是国内行会史研究在这一时期取得明显进展的最重要的代表作。"[1]过去国内行会史研究成果乏善可陈,随着20世纪80年代以降新史料的整理出版及不少颇具分量的相关论著的问世,在原来的基础上,带动了行会史研究新领域和新视野的开拓,以及深度的进一步发展,情况已完全改观。作为国人行会制度史研究的奠基之作的《中国行会制度史》在21世纪初重印,旧书新读,应是一宗具有学术意义的事。

本书作者全汉昇(1912—2001)先生,广东顺德人,是20世纪中国经济史研究成果最为辉煌的史学工作者。1935年他毕业于北京大学史学系,蒙系主任陈受颐教授推荐,被北大史学系教授、中央研究院历史语言研究所(以下简称"史语所")所长傅斯年选拔,进该所为助理员,隶第一(历史学)组,自此潜心研究,紧守学术岗位,与史语所结下终身不解之缘。1944年10月蒙傅所长及中研院社会科学研究所(以下简称"中研院")所长陶孟和先生提拔,全先生被派赴美国,先后于哥伦比亚、哈佛及芝加哥三所著名学府进修,受业于Shepherd B. Clough, Abbott P. Usher及John U. Nef等经济史大师,汲取国外经济史学界的新观念及新方法,并与西方经济史家建立联系,奠下日后的学术交流基础。1947年全先生回国,除史语所本职外,复于当时的南京中央大学经济系兼课,讲授中国经济史及西洋经济史。1949年1月他追随史语所迁往中国台湾,迁升任为终身职研究员,后又受时任台大校长傅斯年的嘱托,与台大合聘,任经济系教授,为培育经济史人才而备尽心力。1952—1956年间并兼系主任。胡适任"中研院"院长时,聘全先生为代总干事,迄1961年9月第三度赴美研究止。1965年11月全先生应聘至香港中文大学新亚书院历史系任

---

[1] 朱英主编,《中国近代同业公会与当代行业协会》(北京:中国人民大学出版社,2004),第28页。

教。1975年他任新亚书院院长,两年后从香港中文大学退休,转任中国文化研究所研究员凡一年。嗣后他专任新亚研究所教授兼教务长,1980年2月至8月应邀任东京东洋文库资深访问学人。1983年起任新亚研究所所长凡11年。1984年12月以高票当选为"中研院"第15届人文组院士。1995年9月全先生夫妇离港返台,定居新竹;2001年11月29日因吸入性肺炎病逝于台北,享年90岁。

全先生治学60年来,研究业绩斐然,范围绵长而辽阔,上自魏晋,以迄抗战前夕。经初步统计,著作包括专书9种、论文116篇、书评10篇及其他论著6篇,正确著作量应以全师百岁纪念文集《邦计货殖》为依据。其学术见解及成就,深受学界同道推崇重视,专精博通兼顾,就研究的深广及质量来说,实同辈经济史家所稀有。严耕望指出,日本学人研究中国史,成绩以经济史等三数领域最为显著;较早期国人在经济史方面堪与日本学界相抗衡者,或仅他一人而已。[①]

全先生自进入史语所工作至初度赴美进修前,唐、宋时期为其研究兴趣所在,并兼及魏晋南北朝及元代,而先从宋代商业史着手。或因战时通货膨胀的经验与体会,货币与物价变动遂成为他毕生最感兴趣的研究课题,他也因此成为中国物价史的研究先驱。这一领域的探索因史料缺乏及过去币制与度量衡不统一而不易展开,但他仍做出可观的成绩。我们对民国以前千余年间的物价变动有一概略认识,他确实厥功至伟。1949年以后,全先生的研究重心转移至明、清及近代,大致集中于两大课题:近代工业建设成绩及近世货币与物价史研究,尤其着力于研究美洲白银流入对中国财政与经济生活的影响。他到香港任教后的三十年间,更是倾注全力于明中叶以还,金银比价及中国与西班牙、日本、葡萄牙、荷兰之间的贸易关系等问题。透过他对货币、物价、国内外贸易等多面性的深入探讨,我们方能对清代整个经济体系的演变面貌,有更完整的认识。他在这一领域的卓越成就,实非他人所能企及。他数十年来的研究工作,点出许

[①] 严耕望,《治史经验谈》(台北:商务印书馆,1981),第74页。

多可资推衍的重要课题，留下足供后学跟进的轨迹，最显著的例子莫如美洲白银与明、清经济及清代粮价、米粮市场与贸易，近已成为显学，名家辈出。凡此实以全先生的著作为先导。

自进入史语所后，全先生但知遵照傅所长"闭门读书"的指示，遂养成习惯，孜孜不息，以扩大史料搜集及网罗范围，发掘新问题，缜密剖析，撰成论著为一生的志业与嗜好。他不断吸收西方经济史研究新的观念、方法及成果，重视量化及数据，目的在于扩充研究的工具，堪称以一己之力为中国经济史研究带动新风气，开拓新的视野及领域，并提升学术水平，极尽筚路蓝缕，开疆拓土之功。回顾20世纪这一学术领域的长足发展，无处弗见他的心血灌注。哈佛大学已故杨联陞教授曾题诗云："妙年唐宋追中古，壮岁明清迈等伦。经济史坛推祭酒，雄才硕学两超群。"生动地将全先生在中国经济史研究上的重大贡献勾画出来。

接着要谈一下本书写作的大环境及个人因素。中国社会经济史研究的兴起，与20世纪20年代的社会革命运动密不可分。国民革命军北伐前后，随着革命运动的兴起，知识分子多运用马克思主义理论，致力探析当日中国社会结构及经济关系实况，借以指引革命的进程；学术界中最为扣人心弦的现象，当推1927—1937年十年间的中国社会史论战。论战不仅强化了当时知识分子对马克思主义的兴趣，论战中所提出的问题也促成了马克思主义在中国的成熟。一些学者注意到中国历史中，特别是社会经济层面的复杂性，实非简单的概念所能表述和概括，遂转趋穷究史料，撰写学术专题论著，而于先前社会史论战参与者所专注思索的理论问题，仅略表关切。同时，新史料如军机处档案的发现及系统性整理，更促成学界的研究热潮，中国社会经济史研究的黄金时代从而开始出现。全先生是这一学风转变中，就学于北大史学系，而政治系教授陶希圣是对他影响最大的一位老师。陶氏在《中国社会史丛书刊行缘起》中，力主"要断定中国社会的发达过程，当从中国社会历史的及现存的各种材料下手"。当时陶氏讲授中国社会经济史，全先生跨系修读，对之极具兴趣，深感其中亟待开发的新领域尚多,遂决定以此为终生研究志业。全先生因家境贫困,学业时有中辍之虞;陶氏将全汉昇的习作《中国行会制度史》作为中国社会史丛书第 4 种,交上海新生命书局①出版,印数 1 500 册;陶氏并鼓励他投稿《食货半月刊》,借笔耕,全先生大学三四年级的生活费用方有着落。事隔 44 年后,本书早已绝版,陶氏再续前缘,由他所创建的食货出版社将之影印再版,当可算是学林佳话。

《中国行会制度史》全书十章。头两章讨论行会的起源及萌芽时代的手工业与商业行会,接着的三章顺时代先后对隋唐、两宋、元明的行会加以论述;第六章则对会馆展开探讨;第七、第八两章阐释近代的手工业及商业行会;第九章专对近代苦力帮之史进行考察;结论部分析论行会制度的利弊与衰微原因。本书问世前,书中第一章及第二章部分内容以论文形式,题为《中国古代的行会制度及其起源》,发表于当时的国立中山大学史学研究会出版的《现代史学》2.1,2(1934);第九章部分内容则先刊行于《中国经济》2.1(1934),题为《中国苦力帮之史的考察》。

综观全书,章节安排显然是详近略远,全书约四成的篇幅探讨明代以前的行会制度发展,其中宋代的比重至为明显,几近这部分一半篇幅。研究聚焦于宋代,一方面固然是宋代工商业的性质及规模,与前代相较,不可同日而语;另一方面则与全先生初期的研究重点集中于宋代的社会经济活动层面息息相关。宋代一章充分反映全先生对史料的驾驭能力,《续资治通鉴长编》《宋会要辑稿》及《宋史》等基础史料而外,举凡笔记、政书、类纂及地志等,无不广征博引,巨细靡遗。值得一提的是全先生对最新学术信息的掌握,无论是史料或近人成果,一经面世即为他所取资,如研究宋代最原始的资料《宋会要辑稿》,1933 年由北平图书馆据徐松自《永乐大典》录出的原本

---

① 陶希圣与上海新生命书局的关系非常密切。陶氏 1929 年编集长篇论文成《中国社会与中国革命》,以及 1930 年所收的一些长篇和短篇文字而成书的《中国社会拾零》,都由新生命书局出版。1930 年下半年,他的家就住在上海海宁路新生命书局的楼上;他并在该书局所发行的《社会与教育》周刊连续发表《旧小说新铨》。即便 1930 年底他到南京中央大学授课,每星期他只有周日至周三在南京,周四至周末则在上海。在上海的日子他除为《社会与教育》撰稿外,也为新生命书局看稿和校稿。参考陶希圣,《潮流与点滴》(台北: 传记文学出版社,1964),第 110、119—120 页。

影印，问世未几即为他引用。又如美国学者 F. L. Nussbaum 取材自德国学者 W. Sombart 所撰的巨著 *Der Moderne Capitalismus*，加以编著而成的 *A History of the Economic Institution of Modern Europe*（New York，1933），出版约一年，大概初到北平，即为全先生所披阅，并作为这章引证比较之资。事实上，Sombart 此书要到三年后（1936）才有季子（李季）的中译本《现代资本主义》刊行。

余下的五章历时虽比前一部分短，须处理的历史面相对却更为错综复杂，也更显出全先生的治史眼光及洞见，预示其出色的治学潜力。对于不需熟练技术，没有严格学徒制度限制，却有地盘划分的职业行会——苦力帮，在他之前，学者对这一为人所漠视，以社会底层民众为骨干的组织加以讨论的，几近阙如；全先生独具慧眼，特辟专章阐述，填补文献记载的空白，实极具问题意识。在会馆及近代的手工业、商业行会这三章中，全先生长篇抄录主要刻在石碑上的会馆及手工业、商业行会的组织、功能、经费及规章的记载，稍欠深入的探析，不过这些抄录于书中的石刻记录，在 20 世纪相关史料尚未广为整理出版前，一般不大容易查阅。这一处理方式，就当日条件考虑，在保留史料方面不无可取。应予指出的是他敏锐地注意到会馆与中古行会的不同之处，在于"后者对于本行工商业的统制只是消极的，会馆则较积极，尽量保护会员的利益而使之发展，甚至要与外来的帝国主义者冲突亦在所不惜"。在这三章中，全先生除汲取相关权威研究者如根岸佶、D. J. Macgowan，H. B. Morse，J. S. Burgess 及 S. Gamble 等人的成果外，史料搜罗之列更扩至民俗资料，《海关十年报告，1882—1891》，北京、天津及上海的报章如《晨报》《益世报》《大公报》和《时报》，以及《新青年》杂志，无不缜密爬梳，厘清史实。结论中全先生指出随着帝国主义的入侵，环境渐次变化，行会制度在政治及经济方面的弊害渐次浮现，可是它在道德、政治及经济层面的积极功能及作用也不容漠视，如信用维持，"对于商品的尺度、质量及价格都有详密的规定"，培养成员勤勉、尽职和互助，提高同业的人格地位。他虽认为内在及外在原因，使行会制度的衰微成为不可否认的事实,但他又敏锐地观察到"事实上又不全是如此。我们绝对不能坐井窥天似的只看见某一方面是这样,便说全体都是这样,而在观察我国近代繁复万分的社会现象时,更应时时刻刻地保持着这种态度"。无论形式或实质,行会制度得以苟延残喘,实因:地方割据;交通不便,语言、文化及风俗因地而异,地方色彩浓厚;大通商口岸外,内地资本累积有限,大规模企业不多。凡此都让行会组织有存在的空间。他这一灼见,经日后众多精密的研究所验证后,几已为学界所认同,成为行会史研究的共识。

全先生因木讷寡言,埋首学术研究,予人冷漠而不通世务的形象。事实上,他在书中的一些观点却甚具现实意义。如他指出:"商会的成立,似已打破旧来的行会形态,但这只是形式而已,实质上绝对不是这样。"他以民国广东为例,其时内乱频仍,故广东的商会募集并设置强有力的商团,保卫城内居民的生命财产,镇压力量且及近郊数百里,作用与中世纪威尼斯、热那亚等城市的行会并无两样。全书最后一页中,全先生有这样的话:"最近,国内与国外,统制经济的声浪很是刺人耳鼓;若果我们要替统制经济在历史上找一根据,那么,恐就是行会制度了。自然,因时势的不同,二者控制的范围、性质亦随之而异;可是,一脉相传,二者在精神上总是前后有多少关联吧。"联想到当日国内外的大环境及大气候,他这一观察应是意有所指,绝不是无的放矢。

无可讳言,因当日研究条件所限,书中所言或有不足及可资商榷的地方。全先生认为自唐代以来,为避免自由竞争,行会对本行同业在贸易上都有一致的规定及统制。随着国内外贸易的发达,唐代后期都市经济已远比从前复杂,同业间不再像从前那样紧密集中在一起,行会于是出现变质。宋代因工商业的复杂及分工的细密,"行"更有空前的发展;"行"在各业及各地都普遍存在,即便教师、乞丐及苦力等行业也不例外。至于行会与政府的关系,"行"必须为官府筹措原料用品,而政府收购价格甚低,运费又须由"行"自理;对"行"来说,官府所赋予的任务(行役),实为一弊端甚多的沉重负担。全先生所言稍嫌简略,或有必要做更进一步的引申。唐代都市中,商店分类结集一起,在政府规定的商业区域(市)开设,这些同业街区名为"行"。商店专设于市的制度,到唐代末年已见弛废,至北宋中叶后完全崩溃。商店分布便出现两种情况:一是毫无限制地选择在交通便利的地方任意开设;一是脱离规定的商业区域的约束,但仍保留同业街区,散布于都市之内,定期进行商品贸易。因形势的刺激,商人遂依靠同业组织——行——的力量,取代市的制度,努力共谋营业上的共同利益,其中最主要的是商业独占权或垄断权。"行"并非为应行役而产生,主要是对于入为"行"的商业独占特权的报偿,二者同时发展,实非偶然。[①]全先生认同日本学者根岸佶的看法,汉代京师的为同郡人所共享的公产——郡邸,其性质与现今的会馆基本上并无分别。但据何炳棣教授的研究,郡邸实质上为各郡在京的办事处,绝非同乡会馆式的私人组织。[②]全先生明确指出会馆"一面是同乡的团体,一方面是同业的组合,可说是同乡的行会。"这一说法大体上是可以立足的,不过可稍加补充。据幸存于方志的资料所见,早在15世纪20年代,即已有人在北京创建会馆。初期在京会馆的性质为同乡仕宦公余聚会的俱乐部,其后推广为广泛的仕商共享的同乡组织;京师以外的会馆则多由在外从事工商的同乡人所捐建。对于经常与会馆并论,且被混用的商业组织——公所,书中并没有论及。这二者的区别,学界意见纷纭,莫衷一是。笼统而言,一说认为随着狭窄地缘观念的消融,会馆也朝超地缘的同业组织的方向转变,不少公所也具有显著的地缘性,故实质上二者无大区别;另一说主张公所原则上为同业组织,不分籍贯,这正是公所与以地缘为主的会馆的最大分野。

葛兆光教授从一批撰写于20世纪30年代,尘封于清华大学旧图书馆多年的清华大学人文社会科学毕业生论文所呈现的水平,"是以专业的

---

① [日]加藤繁,《论唐宋时代的商业组织"行"并及清代的会馆》,载氏著,吴杰译,《中国经济史考证》(北京:商务印书馆,1959),1:338—59;魏天安,《宋代行会的特点论析》,《中国经济史研究》1993.1。
② 何炳棣,《中国会馆史论》(台北:台湾学生书局,1966),第11—13页。

兴趣为选题的方向,以课题的意义决定论文的取向",感到:"那个时代人文社会学科的大学生,初一出手,竟然有如此的水平,这不能不让今天还在教书的老师反省,也不能不使现在还在号称做学术的人汗颜。"①重读这本原出自20世纪30年代一位北大史学系三年级学生习作的小书,我充分认同葛教授的感想。本书虽不是石破天惊的洋洋巨著,但提供给踏足行会史领域的后学一块可予立足的基石。今日这一研究领域的面貌,随着原始资料的整理出版,严谨的学术论著相继问世,很多重要历史现象因此得以阐释,把行会史研究向前推展一大步,与这门学问天地初开,全先生脱颖而出时不可同日而语。饮水思源,实拜全先生开山之功所赐。

何汉威
2006年10月27日于台北

延伸读物(*符号表示入门基本书刊,可先读)

除注释中的相关论著外,读者尚可进一步研读下列著作:

王翔,《近代中国手工业行会的演变》,《历史研究》1998.4。

*曲彦斌,《行会史》(上海文艺出版社,1999)。

李华,《明清以来北京的工商业行会》,载南京大学历史系明清史研究室编,《明清资本主义萌芽研究论文集》(上海人民出版社,1981)。

*吴慧,《会馆、公所、行会:清代商人组织演变述要》,《中国经济史研究》1999.3。

彼德·小戈拉斯,《清代前期的行会》,载(美)施坚雅主编,叶光庭等译,陈桥驿校,《中华帝国晚期的城市》(北京:中华书局,2000)。

汪士信,《我国手工业行会的产生、性质及其作用》,载《中国社会科学院经济研究所集刊》2(中国社会科学出版社,1981)。

---

① 葛兆光,《学术的薪火相传(代序)》,载葛兆光选编,《学术薪火——三十年代清华大学人文社会学科毕业生论文选》(湖南教育出版社,1998),第5,7页。

马敏、朱英,《浅谈晚清苏州商会与行会的区别及其联系》,《中国经济史研究》1988.3。

徐鼎新,《清末上海若干行会的演变和商会的早期形态》,《中国近代经济史研究资料》9(上海社会科学院出版社,1989)。

宫田道昭著,丁日初译,《论清末的对外贸易商品的流通机构——以行会的流通垄断为中心》,《中国近代经济史研究资料》10(上海社会科学院出版社,1990)。

清水盛光著,陈慈玉译,《传统中国行会的势力》,《食货月刊》15.1,2(1985)。

彭泽益,《十九世纪后期中国城市手工业商业行会的重建和作用》,载彭泽益,《十九世纪后半期的中国财政与经济》(北京:人民出版社,1983)。

黄福才、李永乐,《论清末商会与行会并存的原因》,《中国社会经济史研究》1999.3。

虞和平,《鸦片战争后通商口岸行会的近代化》,《历史研究》1991.6。

* 蒋兆成,《浅谈中国的封建行会》,载《中国古代史论丛》1982年第二辑(福州:福建人民出版社)。

目 录

第一章　行会的起源　　1
第二章　萌芽时代　　7
　一、手工业行会　　7
　二、商业的行会　　11
第三章　隋唐时代的行会　　14
　一、"行"的发达　　14
　二、"行"与政府的关系　　17
　三、"行"的组织　　17
　四、徒弟制度　　18
　五、"行"的习惯　　19
　六、余论　　19
第四章　宋代的行会　　21
　一、"行"的发达及种类　　21
　二、入行问题　　26
　三、宗教活动及娱乐　　27
　四、习惯　　29
　五、组织　　30
　六、会所　　31
　七、与政府的关系　　32
　八、宋代行会之性质的探讨　　38

第五章　元明时代的行会	41
第六章　会馆	43
一、沿革	43
二、会馆发生的原因及其范围	45
三、客帮与会馆的关系	46
四、会馆的组织	48
五、会馆的经费	50
六、会馆的事业	52
第七章　近代的手工业行会	56
第八章　近代的商业行会	68
一、商业行会的组织	68
二、商业行会的事业	71
（附录）商业行会的行规	75
第九章　近代的苦力帮	84
一、苦力帮的组织及任务	84
二、各地苦力帮之一斑	85
三、现今的苦力帮	86
第十章　结论	89
一、行会制度的利弊	89
二、行会制度的衰微	92
三、现今的行会制度	95

第一章 行会的起源

传统的中国史家一向多着眼于国家治乱兴亡的事迹,忽略了工商业等下层生活的记载。而中国的行会,很少如欧洲的行会那样,由于国王或诸侯等有权力者之特权的赐予而发生,大多是工商业者们因为适应各自的环境而自动组成,故它的材料不见登录于正史。盖士农工商的四民中,工商被排列到最后,只是一种"逐末"的勾当,哪有资格来登大雅之堂呢?

不过规模较大的行会,差不多都设有会馆或公所,每立石碑或在墙壁上明记其由来,甚至设有常川书记来记录行会中的种种事件。可是,很不幸的,各朝代屡有变乱,烧失散佚甚多,现今残存者实绝无而仅有。材料既是这样的贫乏,探求它的活动事迹固难,研究它的起源问题更属不易。历来各学者所提出的见解,只是根据片面的材料来加以臆测而已,并没有最后的解答也。兹列举各家的主张如下,并附以个人的意见。

(一) 宗教团体说

摩尔兹(H. B. Morse)开始把宗教团体列为中国行会的一种[①]。主张此说者以为行会最初不过是崇拜手工业商业等想象上的创始者(如泥水行之于鲁班先师,药材行之于药王菩萨)的人的结合,至于它的种种经济的机能是后来才发展出的。其实,这种宗教上的崇拜只能算是加重行会团结的手段,绝不是产生行会的母体。而且,唐宋时代的工商业行会常祭祀其所在地的神[②],北平(以前名北京)的行会大多数都在精忠庙、娘

---

① The Gilds of China.(第7、8页)(编者按:此书作者 Hosea Ballou Morse, London, Longman Green & Company, 1909, pp.7, 8.)
② 详载于第三、四两章。

娘庙开会①,实不限于祭祀它的想象上的创始者。

(二) 同乡团体说

道格斯(R. K. Douglas)主之②。其意为居住于同一地方的人赴他乡的时候,因言语、风俗、习惯及其他种种的不同,且又人地生疏,每被所在地(他们心目中的他乡)的人欺凌压迫,住久了亦只被称为"客籍",故这些同乡们由于地方意识的激发也就共同团结来组织行会,以谋利益而保持了。这始于官吏,其后商人亦随而模仿之。故马哥文(D. J. Macgowan)说:"(中国)商人行会的起源,曾简单地记载在温州设立的宁波会馆章程内……行会最初是由于在京师的官吏,为着相互扶助与救济,而设立于同乡人或同省人间的。其后,商人也如官吏那样成立行会,现则存在于各省了。"③实例颇多,如宁波帮在上海组织的四明公所、广东帮在汉口设立的岭南会馆是也。可是,我们发生两种疑问:

(1) 同乡者未在他乡组成行会之前,在故乡时是否已组成行会?

(2) 同乡者的行会未组成以前,所在地的人是否已组有行会?

从时间上的先后言,同乡者组织的行会不是最初的一个,此说自不能令人满意。不过,出他乡时组织行会的需要比在故土时为大,这是我们不能否认的。

(三) 政府之不法说

官吏常对于工商业者加以不法的课税或其他压迫,后者为维持工商业上的利益计,联合起来组织行会以对抗之。宋耐得翁《都城纪胜》"诸行"条说:"市肆谓之行者,因官府科索而得此名,不以其物大小,但合充用者,皆置为行。"宋吴自牧《梦粱录》卷十三"团行"条亦云:"市肆谓之团行

---

① *The Guilds of Peking*.(编者按:此书作者 John Stewart Burgess, Columbia Universtiy, New York, 1928, pp.51, 84.)
② *Society in China*.(编者按:此书作者 Robert K. Douglas, A. D. Lnnes & Company, 1894。)
③ *Chinese Guilds or Chambers of Commerce and Trade Unions*.(编者按:此文作者 Daniel J. Macgowan,载 *Journal of the North China Branch of the Royal Asiatic Society* New Series, XXI. 3&4(1886): 135.)

第一章 行会的起源

者,因官府回买而立此名,不以物之大小,盖皆置为团行。……又有名为行者。"在欧洲,工商业者因为反抗领主的压迫而组织行会;故官吏之不法,确可说是中国行会发生的原因。不过我以为这只是行会发生原因之一部分,而不是全部;假使没有官吏或领主的压迫,行会也是要发生的——官吏之不法只是一种导火线而已。

(四) 人口与事物之不均衡说

伯尔札斯(J. S. Burgess)主之。他说中国人本着"不孝有三,无后为大"的古训,往往早婚以致多生子女,别方面又因生产技术低下,各地交通不便,以致所产食物不足供给,于是劳动力大量过剩,失业者多;已取得工作权利的人,为自卫计,遂不得不高筑独占团体的壁垒,故行会也就应运而生了[①]。如北京苦力所组织的行会(苦力帮)只准会员的子弟加入,外人不得染指[②],便是一例。这一说也很难令人满意。盖行会之独占作用因劳动力之过剩而增大是一回事,行会的起源又是一回事,似不能混为一谈。

(五) 家族制度说

这一说较有理由。社会学者斯宾塞尔(H. Spencer)主之[③],温内克(H. M. Vinacke)更就中国的行会材料而加以说明[④]。庄园经济时代,对立的阶级是领主与农奴。前者是剥削阶级,后者则提供一切劳动力来为前者服务,领主所需要的手工业品,都是由他们负责来制造的。不过那时候的生产技术非常幼稚,而制造较为奇巧或复杂的器具又必须有相当的熟练才成,故手工业技术与家族制度便合为一体了。我国古来的手工业就是以"家传"来著名的。关于这点,《管子·小匡》有很清楚的解释:

---

① Burgess 书,p.31。
② Burgess 书,p.84。
③ *Principles of Sociology*. Vol Ⅲ.(编者按:此书作者 Herbert Spencer, New York, 1907, pp.450-453.)
④ *Encyclopedia of the Social Sciences* 1932 中"Guild"项下。(编者按:此书作者 Harold M. Vinacke. "Guilds: Chinese", in Edwin R. A. Seligman ed, Encyclopedia of the Social Science (New York: 1932), 7: 219.

今夫工，群萃而州处，相良材，审其四时，辨其功苦，权节其用，论比计制，断器尚完利。相语以事，相示以功，相陈以巧，相高以知。旦昔从事于此，以教其子弟，少而习焉，其心安焉，不见异物而迁焉。是故其父兄之教，不肃而成；其子弟之学，不劳而能。夫是故工之子常为工。四人者国之石民，谓士、农、工、商，各守其业，不可迁也。如今之柱下石也。

《左传》载：

（子囊曰）其卿让于善，其大夫不失守，其士竞于教，其庶人力于农穑，商工皂隶，不知迁业。（襄公九年）

（晏子说）在礼：家施不及国，民不迁……工贾不变，士不滥，官不滔，大夫不收公利。（昭公二十六年）

而《荀子·儒效篇》亦说：

工匠之子，莫不继事；而都国之民，安习其服。

这在《庄子》书里有很好的例证：

宋人有善为不龟手之药者，世世以洴澼絖为事。客闻之，请买其方百金。聚族而谋曰："我世世为洴澼絖，不过数金；今一朝而鬻技百金，请与之。"（《逍遥游》）

轮扁曰："臣也，以臣之事观之：斫轮，徐则甘而不固，疾则苦而不入；不徐不疾，得之于手而应于心……臣不能以喻臣之子，臣之子亦不能受之于臣，是以行年七十而老斫轮。"（《天道》）

轮扁的手工业技术虽然因为太微妙而不能传授给任何人，但从他这些话里看来，我们可以知道，假如这种技术可以传授给人，也只是传授给他的儿子而已，普通人是没有机会来学习的。所以那时手工业品的制造完全寄托于某一姓氏的家族，而某一姓氏的家族也就象征着他们的特有的技术：

凡氏于事，巫、卜、匠、陶也。（应劭《风俗通义·姓氏篇·原序》）

三代之时，百工传氏，孙袭祖业，子受父训，故其利害详尽如此。

第一章　行会的起源

(宋·马永卿《懒真子》卷三)

十五曰以技为氏,此不论行(去声)而论能;巫者之后为巫氏,屠者之后为屠氏,卜人之后为卜氏,匠人之后为匠氏;以至豢龙为氏,御龙为氏,干将为氏,乌浴为氏者,亦莫不然。(郑樵《通志·氏族略第一·氏族序》)

例如陶氏,郑樵说:"此皆以陶冶为业者也",干将氏,"善铸剑,故剑以干将得名"。又如师工氏,《续通志》卷八引《氏族略》五引《姓氏辩证》曰:"其先出自古官治木者。"

这种独占着某种手工业技术的血缘团体实即是行会的前身。从这个前身衍变而为行会自然要很缓慢地经过相当时间的历史。关于这一段史实,我们现虽无从知道,但若把二者相类似的各点比较一下,我觉得这种推论是很可能的。第一,二者的独占性如出一辙。家族内的人才有学得他们的特有技术的权利,他族的人来学是要受排斥的,因为为着要维持他们这团体的人员的生活,实有独占的必要。就是以愚著称的宋人①为着贪图人家的百金而想教授他们世世代代赖以为衣食的法宝——制造不龟手之药的方法——给人家,也是要开一个大会取得全体一致的通过才成的;假如其中的一员破坏这种规例而私自秘密地传授此法给人家,我们可以想象到,一定要受到家族内很严重的处罚。这与行会规定,若要从事各该行职业,必须受到严格的徒弟制度以及其他的限制,否则不能做各该行的工作,是很相像的。而内地的苦力帮大都限定会员的子弟才能加入,故全帮的会员都同一姓氏,这更是家族独占某种工作的遗风。第二,二者的团体生活也是大同小异。大家族内在庆节日聚会的乡饮也许就是后来行会中表示友爱亲睦的饮宴的雏形,至于会馆主要礼节中的"团拜"更不成问题的是它的继承者;同时,家族内礼祀的祖先,一方面固是血族的关系,他方面又是他们的手工业技术之创始者,这与行会所祭奉的工商业想象上的创始者是没有半点差异的。

---

① 《韩非子·五蠹》中守株待兔的故事由宋人主演,而《孟子·公孙丑上》"闵其苗之不长而揠之"的主人翁也是宋人。

手工业技术的家族独占制,虽不一定如上述那样,由于贪心人家的百金而致破坏。可是家族世代相传,人口递增,支派繁杂,势不能仍旧居住在同一地方,血缘团体便由此崩坏,再不能保障个人的生活了;同时,俗话说,"远亲不如近邻",和同住在某一地方的异家族人的经济社交等关系反为日渐密切的结果,本家族所特有的手工业技术也就渐渐地传授给他们了,从而行会制度也开始产生了①。

就时间上说,血缘团体的崩坏开始于春秋的时候。《左传》昭公三年:

> 栾、郤、胥、原、狐、续、庆、伯,降在皂隶……晋之公族尽矣……肸(叔向自称)之宗十一族,唯羊舌氏在而已。

这是血缘团体不能保障其成员的政治生活的例证。由此以推,专从事于工商业的血缘团体自也再不能保障其成员的生活,从而行会也就起而代之了。

---

① 日文《经济大辞书》中"行会"项下(编者按:板西由藏,《工业·历史[西洋]——手工业时代》,载大日本百科辞书编辑所编,《经济大辞书》(东京,1927,第六版),总第946页。)。

第二章　萌芽时代

一、手工业行会

庄园时代经济的特征是自给自足，衣食是由家族内的副业供给的，若为着解决住的问题而建筑房屋则因工程较大而有待于附近居民的帮助。领主处于特殊的经济地位，从而欲望亦较大，其支配下的农民的劳动力提供了他的生活基础，所以除了一定的赋役以外，房子是农民替他建造的，各种特产物是农民献给他的。若是领地规模较大的领主，则更拥有一种工人来替他生产所欲望着的物品。在这种场合下，个别的商业没有发生的可能。

原来商业本身是具有外的性质的。在生产条件同样的同一地方居民间，绝对不会发生什么特殊的商业形态；唯有在生产条件不同的异种族间，交易才有可能。可是人们对于其他种族总存有敌对的态度，最初时相互间的掠夺行为是不可避免的；到了敌对关系停止，平和交通盛行的时候，商业也就随之而起了。

但这还不够，其内的条件也是不可缺的。这便是生产力的发展。本来，商业自身就是刺激生产力的东西，因为交易后发现此中有利可图时，自然更努力于生产力的发达以期得到多量的剩余去做更有利的交换。于是，从来为自家消费而当作副业经营的工业尽量地生产去卖给外部，甚至把它看作一种独立的职业了。同时，大庄园领主管辖下的工人受外来物品的新奇技术刺激的结果，也同样地使其制造品在质及量上都有明显的进步。他们大都是半自由的农奴，有了较特殊的技术后便渐渐地得到解放；因为替领主劳动到某种标准以后，他们可以利用余暇来替外部的人劳动，从而以利润所得更可向领主购买或换取本身的自由。这样，便成为独立自由的手工业者。

我国在春秋时代，手工业已有从农耕分化而独立的现象。在《左传》上常有工商并列的记载。在卫，文公曾"通商惠工"（闵公二年）。在齐，管仲曾免工业者的兵役。及战国，这更是明显的现象。孟子说："百工之事，固不可耕且为也。"（《滕文公上》）"为"即是百工之为，那时已与农耕分化了。我们更可举几个例：

以粟易械器者不为厉陶冶，陶冶亦以其械器易粟者，岂为厉农夫哉？（《孟子·滕文公上》）

矢人岂不仁于函人哉？矢人唯恐不伤人，函人唯恐伤人。（同上《公孙丑上》）

故舆人成舆，则欲人之富贵；匠人成棺，则欲人之夭死也。非舆人仁而匠人贼也。人不贵，则舆不售；人不死，则棺不买。情非憎人也，利在人之死也。（《韩非子·备内篇》）

都市的位置，总在交通便利的地点。有的是江河的合流点，有的是江河的出海口，有的是要道的交叉点。这些地方因地位的关系，适宜于成为交换的中心。商人有凑集此地的必要；手工业者为了原料来路的便易，出品销售的迅速，也乐于聚集在那里。有许多农村的手工业者，即以手工业为副业的人，眼见其地位不如都市的手工业者，于是也有跑入都市的倾向。都市有的是自由空气，这些独立的手工业者们为着反抗领主的压迫，增加了互相团结的意识。同时，因为要巩固他们的经济地位，更不能不共同排除他们的妨害。工业行会遂应运而生。

关于我国行会的材料，较古的直接记载是不容易发现的。但我们却可间接地从各方面去确证它的存在。威廉士（Edward Thomas Williams）说中国行会在远古已具有雏形[1]，可惜它的根据是西汉经古文学家捧出来的《周礼》，似乎不能没有问题。格布鲁（Sidney D. Gamble）以为中国行会至少有二千年或二千年以上的历史[2]，但这只是从他国的行会记载得来的

---

[1] *China Yesterday and Today*.（编者按：此书出版者 Thomas Y. Crowell Company, New York, 1927, revised [2nd] ed. pp187 - 188.）

[2] *Peking: A Social Survey*.（编者按：此书出版者 George H. Doran Company, London and New York, 1921, pp163 - 164, 166.）

第二章 萌芽时代

类比推理,并没有强有力的证据。然而,无论如何,从周末至汉代这个时候起,手工业行会已有存在的事实了。现在我们可从两方面来论证:

第一,徒弟与师傅的对立是行会制度的特色。盖欲从事手工业,必须有特殊的技能。此等技能愈复杂的工业即愈形必要。故必须随相当的师傅来受相当的训练。这样,一方面师傅只需费少许的零用钱便可使用没工钱的助手;别方面同业者既受徒弟年限的限制,人数自不会骤然增多,致影响到本行职业的独占。这种记载,在先秦诸子的载籍中是可以找到的:

> 干将者,吴人也,与欧冶子同师,俱能为剑……干将曰:"昔吾师作冶,金铁之类不销,夫妻俱入冶炉中,然后成物。至今后世即山作冶,麻绖葌服,然后敢铸金于山。今吾作剑不变化者,其若斯耶?"莫耶曰:"师知烁身以成物,吾何难哉?"于是……(《吴越春秋》卷二《阖闾内传》)

> 墨子为木鸢,三年而成,蜚一日而败。弟子曰:"先生之巧,至能使木鸢飞。"墨子曰:"不如为车𫐓者巧也。用咫尺之木不费一朝之事,而引三十石之任,致远力多,久于岁数。今我为鸢,三年成,蜚一日而败。"(《韩非子·外储说左上》)

> 夫班输之云梯,墨翟之飞鸢,自谓能之极也。弟子东门贾、禽滑厘闻以偃师之巧以告二子,二子终身不敢语艺,而时执规矩焉。(《列子·汤问篇》)

> 匠石之齐,至于曲辕,见栎社树,其大蔽数千牛,絜之百围,其高临山,十仞而后有枝,其可以为舟者旁(方)十数。观者如市。匠石不顾,遂行不辍。弟子厌观之,走及匠石,曰:"自吾执斧以随夫子,未尝见材如此其美也;先生不肯视,行不辍,何耶?"(《庄子·人间世》)

> 子贡南游于楚,反于晋,过汉阴,见一丈人方将为圃畦,凿隧而入井,抱瓮而出灌……为圃者忿然作色而笑曰:"吾闻之吾师:有机械者必有机事,有机事者必有机心……"(《庄子·天地》)

这里,墨子及其弟子那条很值得我们注意。墨子及其弟子这一团体仿佛就是具体而微的一种手工业行会似的：

（1）梁任公说墨子和他的弟子是一种宗教团体，这与行会祭祀其本业的祖师实很相像。

（2）墨子书里常讲工业品的做法及物理几何的道理，这除了科学家而外，是熟练的工业家才说得出的。

（3）这团体内自有他的法律，不受政府命令的支配，更与行会之自行制裁会员正无异致。例如：

> 墨者有巨子腹䵍，居秦，其子杀人。秦惠王曰："先生之年长矣，非有他子也，寡人已令吏弗诛矣。先生之以此听寡人也。"腹䵍对曰："墨者之法曰：'杀人者死，伤人者刑'，此所以禁杀伤人也。王虽为之赐而令吏弗诛，腹䵍不可不行墨者之法。"不许惠王，而遂杀之。（《吕氏春秋·去私》）

第二，市场的统制是行会的主要任务。盖为着免除买卖上无政府状态的竞争计，对于生产物之质及量的规定是必要的。关于此点，《礼记·王制》篇①说得很清楚：

> 用器不中度，不鬻于市；兵车不中度，不鬻于市；布帛精粗不中数，幅广狭不中量，不鬻于市；奸色乱正色，不鬻于市……

《考工记》也说：

> 凡陶瓬之事（王昭禹曰：谓陶人瓬人所作之器），髻垦（郑康成曰：顿伤也）薛暴（郑云：坟起不坚也）不入市。

晋左太冲《魏都赋》所载，则连价格也有规定：

> 廊三市而开廛，籍平逵而九达。班列肆以兼罗，设阛阓以襟带。济有无之常偏，距日中而毕会。抗旗亭之峣薛，侈所觊而博大。百隧毂击，连轸万贯。凭轼捶马，袖幕纷半。一八方而混同，极风采之异

---

① 《王制》篇为汉文帝时博士诸生所作，但这绝不是凭空捏造或是杜撰得来的，必有其时代的事实作背景，故说此篇的材料是汉代社会现象的反映亦无不可。

观。质剂平而交易,刀布贸而无算。财以工化,贿以商通;难得之货,此则弗容。器周用而长务,物背窳而就攻(坚也);不鬻邪而豫贾(豫定价钱,即先索虚价也),著驯风之醇酽。

故韩康伯卖药于成都市,三十年,口不二价(见《后汉书·逸民传》),在当时绝不是稀奇的事,不过是本着行会的基本精神来做而已。

《史记·平准书》:"诸作有租及铸,率缗钱四千一算。"这里的"作",照文法上讲,应为主位名词,而不是动词。《都城纪胜》"诸行"条:"市肆谓之行者,因官府科索而得此名……其他工伎之人或名为作,如篦刀作、腰带作、金银镀作、钑作是也。"故《史记·平准书》的"诸"实是各手工业行会的意思。

现在,我们可以引用马斯培罗《论古代之中国》的一段来结束此节:

> 每一个城市……都有……一个市场……这种市场是一个宽大的方形的广场……在市集的日子,司市居于广场之中央,等到一切都准备好了,就升旗开市……农民和行商在四周围摆设自己的商品……卖同一样货品的人就聚集在一处……有米行……工具及家具(桌椅之类)行……磁器行……金属制造品行……商品都有各种的规定:一块布或一块绢都有一定的宽和长,荷车有一定的范围……[1]

二、商业的行会

古代留下的材料,直接记载商业行会的绝无仅有。但我们不能因此便抹杀古代商业行会的存在;反之,我们从种种文献的记载中,实可间接地证实它的存在。

中国是一个庞大无比、寒热温三带兼而有之的国家,因为气候地理上种种的关系,各地都有其特殊的出产:

> 北海则有走马吠犬焉,然而中国得而畜使之;南海则有羽翮、齿

---

[1] 译文引自柯金:《中国古代社会》(岑纪译),(编者按:此书出版地上海,1933),第141—142页。

革、曾青、丹干焉,然而中国得而财之;东海则有紫纮鱼盐焉,然而中国得而衣食之;西海则有皮革、文旄焉,然而中国得而用之。(《荀子·王制篇》)

夫山西饶材、竹、谷、纑、旄、玉石,山东多鱼、盐、漆、丝、声色,江南出楠、梓、姜、桂、金、锡、连、丹沙、犀、玳瑁、珠玑、齿革;龙门、碣石北多马、牛、羊、旃裘、筋角;铜铁则千里往往山出棋置,此其大较也。(《史记·货殖列传》)

从而,各种工业制造品的大量生产亦带有地方的色彩:

粤无镈,燕无函,秦无庐,胡无弓车。……天有时,地有气,材有美,工有巧,合此四者,然后可以为良。材美工巧,然而不良,则不时不得地气也。橘逾淮而北为枳,鹳鹆不逾济,貉逾汶则死:此地气然也。郑之刀,宋之斤,鲁之削,吴、粤之剑,迁乎其地而弗能为良,地气然也。燕之角,荆之干,妢胡之笴,吴、粤之金锡,此材之美者也。《周礼·冬官·考工记》

这种手工业生产的地方专门化是各都市间商业发达的主要条件。可是问题不是这样简单:

(1) 各地的言语是不能相通的。《孟子·滕文公》篇:

孟子谓戴不胜曰:"子欲子之王之善与?我明告子。有楚大夫于此,欲其子之齐语也,则使齐人傅诸,使楚人傅诸?"曰:"使齐人傅之。"曰:"一齐人傅之,众楚人咻之,虽日挞而求其齐也,不可得矣;引而置之庄岳之间数年,虽日挞而求其楚,亦不可得矣。"

(2) 各地的风俗习惯是差异非常大的。各地通行的都是长子继承制,而"楚国之举,恒在少者"(《左传》文公元年)。齐国更有一种特异的风俗:

长女不得嫁,名曰"巫儿",为家主祠,嫁者不利其家,至今以为俗(《汉书·地理志》)。其结果,各地人民的乡土意识非常浓厚,北方人民心目中的楚人是"南蛮鴂舌之人",赵武灵王的胡服骑射更被认为一种了不得的空前大改革,这么一来,各都市之排外是当然之事了:

温人之周,周不纳客。问之曰:"客耶?"对曰:"主人。"问其巷人

第二章 萌芽时代

而不知也,吏因囚之。君使人问之曰:"子非周人也,而自谓非客,何也?"曰:"臣少诵《诗》,《诗》曰:'普天之下,莫非王土;率土之滨,莫非王臣。'今周君天子,则我天子之臣也。而又为客哉? 故曰'主人'"君使出之。(《战国策·卷一·东周》)

天下共主的周王也抱着非周人不得入周的地方主义,则其余各地的排外更可知道了。在这种封建割据的状态下,打破疆域界限的商业买卖怎么样能举行呢? 商业行会的组织便有其必要了。因为:(1)古代交通工具不发达,在途中往往有被盗匪劫夺之虞,若不共同协力来防御是不成的。(2)各地有各地的特产,商人们为保持买卖上的信用计,有共同维持良好质料及规定价格之必要。(3)商人们为取得本地及贸易所在地的统治者的保护及其他特权计,也必须一致联合才成。

> 昔我先君桓公与商人皆出自周,庸次比耦,以艾杀此地,斩之蓬蒿藜藋而共处之。世有盟誓,以相信也,曰:"尔无我叛,我无强贾,勿或匄夺;尔有利市宝贿,我勿与知。"恃此质誓,故能相保以至于今。(《左传》昭公十六年)

> 荀䓀之在楚也,郑贾人有将置诸褚中以出,既谋之;未行,而楚人归之。(《左传》成公三年)

> (秦师)及滑,郑商人弦高将市于周,遇之。以乘韦先,牛十二犒师,曰:"寡君闻吾子将步师出于敝邑,敢犒从者。不腆敝邑,为从者之淹,居则具一日之积,行则备一夕之卫。"且使遽告于郑,则束载厉兵秣马矣。(《左传》僖公三十三年)

与郑君盟及慰劳秦兵以救郑等活动,以我看来,绝不是弦高个人的事情,而是整个商业行会的共同行动。观于弦高之一面犒秦师,一面又可派人回郑告急,由其动作之灵敏看来也就可知此商业行会组织之严密了。而况外人所不能入的周,他们也能去做买卖呢? 这种行会恐就是后来带有地方性质的"帮"的雏形。

第三章　隋唐时代的行会

一、"行"的发达

"行"的名称最初见于记载的为隋代。唐韦述《两京新记》云：

> 东都丰都市，东西南北，居二坊之地，四面各开三门，邸凡三百一十二区，资货一百行。

> 大业六年，诸夷来朝，请入市交易。炀帝许之。于是修饰诸行，葺理邸店，皆使门市齐正，卑高如一，环货充积，人物华盛。时诸行铺，竞崇侈丽，至卖菜者亦以龙须席藉之。夷人有就店饮噉，皆令不取直。胡夷惊视，寖以为常。

> 隋曰利人市。南北尽两坊之地，隶太府寺。市内店肆，如东市之制。市署前有大衣行，杂糅货卖之所。

又隋杜宝《大业杂记》"大业元年"条：

> 丰都市周八里，通门十二，其内一百二十行，三千余肆，甍瓦齐平，遥望如一榆柳交荫，通衢相注。

这与元《河南志》卷一"京城内坊街隅古迹"条所载大同小异：

> 唐之南市，隋曰丰都市，东西南北，居二坊之地，其内一百二十行，三千余肆，四壁有四百余店，货贿山积。

同书同条内又另有"行"的记载：

> 本曰植业。隋大业六年，徙大同市于此。凡周四里，开四门，邸一百四十一区，资货六十六行，因乱废。唐显庆中，因旧市以名坊。

第三章　隋唐时代的行会

依此可知隋代的洛阳各市内，有很多的"行"的存在。

这种"行"到唐代仍然存在，而见于记载的也较为丰富。宋敏求《长安志》卷八"次南东市"条："市内货财二百二十行。"同书卷十"次南西市"条虽然没有讲到"行"，但亦推定"市内店肆如东市之制"。把这个数目和隋代的比较一下，我们可以知道：唐代的工商业越发复杂化，同时在分工上亦更为精密化，所以由隋代洛阳各市的"六十六行""一百行""一百二十行"一跃而变为"二百二十行"。又：

> 夜三更，东市失火，烧东市曹门以西十二行，四千余家。（日本僧圆仁《入唐求法巡礼行记》卷四"会昌三年六月二十七日"条）

隋代丰都市中，"一百二十行"只有"三千余肆"，而唐代"东市曹门以西十二行"却有"四千余家"。可见由隋至唐，不单是"行"的总数，就是每行的家数，都有激剧的增加。此外，关于唐代之"行"的记载，有如下述：

> 有敕问："求仙由何药？具色目申奏者！"道士奏药名目：李子衣十斤，桃毛十斤，生鸡膜十斤，龟毛十斤，兔角十斤等。敕令于市药行觅，尽称"无"。（同上"会昌五年正月三日"条）

> 鲔密言有一事或可活之，然须得白牛头及酒一斛，因召左右，试令求觅。有度支所由甚干事，径诣东市肉行，以善价取之，将牛头而至。（唐康骈《剧谈录》卷上"王鲔活崔相公歌妓"条）

> 先是西市秤行之南，有十余亩坳下潜污之地，目曰小海池。……崇贤里有中郎将曹遂兴，当夜生一大树。遂兴每患其经年枝叶，有碍庭宇；伐之又恐损堂室。义因访遂兴，指其树曰："中郎何不去之？"遂兴答曰："诚有碍耳。"因虑根深本固，恐损所居室宇。义遂请买之，仍与中郎除之，不令有损，当令树自失。中郎大喜。乃出钱五千文以纳中郎，与斧钺匠人议伐其树。自梢及根，令各长二尺余，断之。厚与其直。因选就众材，及陆博局数百，鬻于本行。又计利百余倍，其精干率是类也。（《太平广记》卷二百四十三"治生""宝义"条引乾馔子）

> 今日在西市绢行举钱。（《太平广记》卷三百六十三"妖怪"五"王

憇"条引乾馔子)

  成式三从房叔父某者,贞元末,自信安至洛,暮达瓜洲,宿于舟中。夜久弹琴,觉舟外有嗟叹声,止息则无,如此数回。及缓轸还寝,梦一女子,年二十余,形悴衣败,前拜曰:"妾姓郑,名琼罗。本居丹徒,父母早亡,依于孀嫂。嫂不幸又殁,遂来扬子寻姨。夜至逆旅,市吏子王惟举乘醉将逼辱。妾知不免,因以领巾绞项自杀。市吏子乃潜埋妾于鱼行西渠中。"(唐段成式《酉阳杂俎续集》卷三"诺皋记")

由上述的种种零星记载,可知唐代的"行"绝不限于首都一二地,且及于各处,其普遍性比隋代更大。

"行"的名称虽见于隋代,但这种组织的成立都绝不始于隋代。它一定是很缓慢的经过了长期不为人所知的历史,才明确地被赋予这个名称的。我们可以想象到:这些后来所谓"行家"的同业者,因为营业上种种的便利,很早便在一块儿设立商店,成立了同业商店区;后因为相互间有帮助的义务,而对外交涉在共同利益上亦有团结协力的必要,于是成立了这个所谓"行"的组织。远的且不说,在比它前一百年左右的洛阳便有这种典型的同业商店区。北魏杨衒之《洛阳伽蓝记》卷四说:

  市东有通商、达货二里。里内之人,尽皆工巧、屠贩为生,资财巨万。有刘宝者,最为富室……

  市南有调音、乐律二里。里内之人,丝竹讴歌,天下妙伎出焉。有田僧超者,善吹笳,能云《壮士歌》《项羽吟》……

  市西有延酤、治觞二里。里内之人,多酝酒为业。河东人刘白堕善能酿酒。季夏六月,时暑赫晞,以罂贮酒,暴于日中,经一旬,其酒味不动,饮之香美而醉,经月不醒。京师朝贵,多出郡登藩,远相饷馈,逾于千里;以其远至,号曰"鹤觞",亦曰"骑驴酒"……

  市北慈孝、奉终二里。里内之人,以卖棺椁为业,赁辒车为事。有挽歌孙岩,娶妻三年,不脱衣而卧。岩因怪之,伺其睡,阴解其衣,有毛长三尺,似野狐尾。岩惧而出之。妻临去,将刀截岩发而走。邻人逐之,变成一狐,追之不得……

第三章　隋唐时代的行会

别有阜财、金肆二里，富人在焉。

凡此十里，多诸工商货殖之民。千金比屋，层楼对出，重门启扇，阁道交通，迭相临望……

不过，"行"之所以特别明显的开始于隋也自有其特殊的原因：（1）隋对外贸易日繁，商人为着共同应付这种新市场的要求计，遂有"行"的组织。上引韦述《两京新记》"大业六年诸夷来朝"条可见一斑。（2）隋规定县官不得以本地人充任，而外来县官往往不谙当地民情，只顾抽剥，商人不堪其骚扰的结果，自然组织团体来与之对抗。故耐得翁《都城纪胜》说："市肆谓之行者，因官府科索而得此名。"

二、"行"与政府的关系

唐代政府与"行"之关系有下列的记载：

景龙元年十一月敕……两京市诸行自有正铺者，不得于铺前更造偏铺，各听用寻常一样偏厢。诸行以滥物交易者，没官……（《唐会要》卷八六"市"条）

《唐会要》：贞元九年，户部侍郎张滂奏立税茶法，自后裴延龄专判度支，与盐铁益殊涂而理矣……数年而李锜代之，监院津堰，改张侵剥，不知纪极。私路小堰，厚敛行人，多自锜始。（卢宪《嘉定镇江志》卷五"课程"）

建中元年七月敕：夫常平者常使谷价如一，大丰不为之减，大俭不为之加。虽遇灾荒，人无菜色。自今以后，忽米价贵时，宜量出官米十万石，麦十万石，每石量付两市行人下价粜货。（《旧唐书》卷四九《食货志下》）

三、"行"的组织

行会要和政府交涉，或政府要取缔行会，行会绝不是群龙无首的全体动员，却是选出一种代表来处理这种事务，这代表叫做"行头"或"行首"。

这种人是要负很大的责任的。《旧唐书·食货志上》：

> （元和）四年闰三月，京城时用钱，每贯头除十六文，陌内欠钱及有铅、锡钱等。准贞元九年三月二十六日敕：陌内欠钱，法当禁断，虑因捉搦，或亦生奸，使人易从，切于不扰。自今以后，有因交关用欠陌钱者，宜但令本行头及居停主人、牙人等检察送官，如有容隐，兼许卖物领钱人纠告，其行头、主人、牙人重加科罪，府县所由祗承人等并不须干扰。

不过，其下各会员都受其指挥。在每一个有意义的节日里他们相互间有一种共同的娱乐，他是唯一的领导者：

> 吴太伯庙，在苏阊门之西，每春秋季，市肆相率合牢醴祈福于三让王，多图善马采犨以献之。时乙丑春，有金银行首纠合其徒，以轻绡画美人，侍婢捧胡琴以从，其貌出于旧绘者，名美人曰胜儿。盖户牖墙壁间前后所献者，无以匹也。（唐常沂《灵鬼志》"胜儿"条）

由此，唐代的行对于宗教的崇拜也可考见一二了。

四、徒弟制度

师傅与徒弟的对立，如前章所述，周末已开其端，这在唐代更是普遍的现象了。韩愈《师说》：

> 巫医乐师百工之人，不耻相师。士大夫之族曰师、曰弟子云者，则群聚而笑之！

为什么"百工之人，不耻相师"？这非行会限制綦严而何？下一段文字就是最好的例证：

> 至铁冶处，有煅铁尉迟敬德者，方袒露蓬首煅炼之次……尉迟公与其徒拊掌大笑。（《太平广记》卷一四六"定数·尉迟敬德"条）

徒弟学师的年限，因各工业学习的难易而不同，大致有如下述：

第三章　隋唐时代的行会

> 凡教诸杂作工业，金银铜铁铸锡，凿镂错镞，所谓工夫者，限四年成；以外限三年成；平慢者限二年成；诸杂作有一年半者……有九月者……有三月者，有五十日者，有四十日者。（《大唐六典》卷二二注）

> 细镂之工，教以四年；车辂乐器之工，三年；平慢刀槊之工，二年；矢镞竹漆屈柳之工，半焉；冠冕弁帻之工，九月。（《新唐书·百官志》）

五、"行"的习惯

（一）贸易的统制

行会为免除自由竞争计，对于本行的工商业有一致的限制，凡物品的质料、格式都有共同的规定。违背这种规定的同业者是受不到行会的保护的，下列的一件事便是很好的例证：

> 卢氏子失第，徒步出都城，逆旅寒甚。有一人续至附火，吟云："学织缭绫工未多，乱抛机杼错抛梭，莫教官锦行家见，把此文章笑杀他。"卢愕然，以为白乐天诗。问姓名，曰："姓李，世织绫锦，前属东都官锦坊。近以薄技投本行，皆云以今花样与前不同，不谓伎俩，见以文彩求售者，不重于世如此，且东归去。"（唐卢言《卢氏杂说》）

（二）言语

各行有各行的隐语，非外间人所能知晓：

> 市署前有大衣行，杂糅货卖之所，记言反说，不可解识。（《两京新记》）

六、余　论

每一种社会制度绝不是万世不变的。原先同业者因为工作方便的缘故，往往都聚集在一起，如《洛阳伽蓝记》所述。这样，同业间发生密切关系的结果,行会的团结自然非常严密。但隋唐以来对内对外贸易发达的结果,都市已不是从前那么简单①,故同业间为利便顾客计也就不能集中在一起了。所以孙棨《北里志》"王团儿"条记宣阳坊有彩缬铺;高休彦《唐阙史》卷下"王居士神丹"条说延寿坊有卖金银珠玉的。而长安东市铁行更有卖卜者,西市鞦辔行有酒楼:

> 东市铁行有范生,卜举人,连中成败。(《太平广记》卷二六一"嗤鄙"四"郑群玉"条引温庭筠《乾馔子》文)

> ……又三数年不第,尘土困悴,欲罢去,思曰:"乃一生之事,仙兄弟二缄可以发也。"又沐浴,清旦启之,曰:"某年月日以将罢举,可开第二封。可西市鞦辔行头坐。"见讫复往,至即登楼饮酒,闻其下有人言……(《太平广记》卷一五七"定数"十二"李君"条引卢子逸史文)

同业间既是东一块西一块的分散开去,行会之产生离心力自是不可避免之事。我们虽然不能因此便说行会崩溃,但它实已变质了。

---

① 唐代都市经济之日益复杂,观其人口之日增即可推论出来。宋吴自牧《梦粱录》卷十八"户口"条:"杭州今为都会之地,人烟稠密,户口浩繁,与他州外郡不同。姑以隋唐朝考之:隋户一万五千三百八十;唐贞观中,户三万五千零七十一,口一十五万三千七百二十九;唐开元,户八万六千二百五十八。"

第四章　宋代的行会

一、"行"的发达及种类

"行"至宋代有空前的发展,差不多普遍到各地方去,从而种类也愈复杂。如耐得翁《都城纪胜》"诸行"条说:

> 市肆……但合充用者,皆置为行;虽医卜亦有职,医克择之差占,则与市肆当行同也。内亦有不当行而借名之者,如酒行、食饭行是也。……又有异名者,如七宝谓之骨董行,浴堂谓之香水行是也。大抵都下万物所聚,如官巷之花行,所聚花朵、冠梳、钗环、领抹,极其工巧,古所无也。

结果什么都有"行",故教员及乞儿从而模仿它成立了"教学行""乞儿行":

> 霆在燕京,见差胡丞相来,黩货更可畏,下至教学行、乞儿行亦银作差发。燕教学行有诗云:"教学行中要纳银,生徒寥落太清贫。金马玉堂卢景善,明月清风范子仁……"(宋徐霆《黑鞑事略》)

现在我们可以搜集一些材料来证明"行"在宋代各地之普遍的存在:
(1) 汴京方面:

> 自宣德东去东角楼,乃皇城东南角也。十字街南去姜行,高头街北去,从纱行至东华门街……(孟元老《东京梦华录》卷二"东角楼街巷"条)

> ……至州桥投西大街,乃果子行街。(同上"宣德楼前省府官宇"条)

州南以东牛行街……土市北去乃马行街也。(同上"潘楼东街巷"条)

北去杨楼以北穿马行街，东西两巷，谓之大小货行，皆工作伎巧所居。小货行通鸡儿巷妓馆，大货行通笺纸店。(同上"酒楼"条)

(2) 临安方面：

潜说友《咸淳临安志》卷十九"疆域四·市"条举出行名并载其所在地：

鲜鱼行　候潮门外。

鱼行　余杭门外水冰桥头。

南猪行　候潮门外。

北猪行　在州北打猪巷。

布行　在便门外横河头。

蟹行　在崇新门外南土门。

西湖老人《繁胜录》更记得详细，内言杭州共有"四百十四行"，把它与唐代最多的"二百二十行"比较一下，可见出当时分工的微细，并可推知此行与彼行间的工作虽然相近，但却是互不侵犯，大家不能超越工作范围的。其名称如下：

诸行市：川广生药市、象牙珇瑁市、金银市……银朱彩色行、金漆卓凳行、南北猪行、青器行、处布行、麻布行、青果行、海鲜行、纸扇行、麻线行、蟹行、鱼行、木行、竹行、果行、笋行。京都有四百十四行，略而言之：闹慢道业、履历班朝、风筝药线、胶矾斗药、五色箭翎、银朱印色、茶坊吊挂、琉璃泛子、粘顶胶纸、染红牙梳、诸般缠令、修飞禽笼、修罘罳骨、成套筛儿、接象牙梳、诸般耍曲、札熨斗、丁看窗、修砧头、照路遣、扫金银、蠲糨纸、造翠纸、干红纸、简笏袋、幞头笼、腰带匣、读书灯、笔砚匣、窗子匣、了事匣、黄草罩、修合溜、淹猪文、医飞禽、接旧条、修破扇、醋碗儿、丁鞋络、掩漆子、搭罗儿、面花儿、香果合、截板尺、印香脱、画眉笼、造棉筒、开科套、教虫蚁、剔图书、起鱼鳞、攀膊

第四章 宋代的行会

儿、手巾架、头巾盝、蛤粉桶、花夹儿、肥皂团、淋了灰、茶花子、出衣粉、做诨裹、注水管、旧铺帛、木仙官、字牌儿、洗衣服、钻真珠、赁花檐子、解玉板、钉鱼带、碾玉藁、赁茶酒器、锦褥子、发驼儿、烟突帚、扇牌儿、织鞋带、锦胭脂、七香丸、稳步膏、鹰牌额、开先牌、鹁鸽铃、葫芦笛、牛粪灰、添笴孙、细扣子、闹城儿、消息子、揪金线、真金条、香饼子、香炉灰、打香印、卖朝报、金莲子、竹夫人、箅子筒、食罩儿、食辟子、白及末、解粥米、熟水草、选官图、批刷儿、屿鱼尾剔、供席草、卖插药、写文字、纸画儿、提茶瓶、花架儿、卖字本、笛谱儿、小螃蟹、蛇蚪儿、便桥、试卷、试卓、交床、试篮、拄杖、粘竿、胡梯、水草、风袋、使绵、劈柴、炭擊、捉漏、担帚、钓钩、绪底、拂子、鬲粉、占坐、歌舞、歌琴、歌棋、歌乐、歌唱、棕索、发索、蜘蟟、金麻、蜎虫、端亲。四山四海，三千三百。衣山衣海（南瓦），卦山卦海（中瓦），南山南海（上瓦），人山人海（下瓦）。

（3）苏州及昆山：

望江，钉行、茶行；庙堂，鱼行……（《吴地记后集》"昆山县桥梁十四所"条）

富仁坊，鱼行桥东……馆娃坊，果子行；和丰坊，米行……嘉鱼坊，鱼行桥西。（宋范成大《吴郡志》卷六"坊市"条）

又同书"桥梁"条记有"鱼行桥""丝行桥""荐行桥"等。此外，宋人撰的地志中记载"行"的材料颇多：

永安坊：在州治前大街永安楼北，投东入鱼行……（宋谈钥《吴兴志》卷二"坊巷"条）

连桂坊：地名梳行，黄给事唐传之居。兄弟相继登科，延康名之。（宋梁克家《三山志》卷四"坊巷"条）

孝仁东坊：自大市鱼行以东至通吴和政门；孝仁西坊：自大市鱼行以西至武进双桂坊。（赵怀玉《咸淳毗陵志》卷三"坊市"条）

盐市：在朱雀门西，今银行、花行、鸡行、镇淮桥、新桥、笪桥、清化

市皆市也。(宋周应合《建康志》卷十六"镇市"条)

抵当两库：一在旧米市,一在鸡行街。(同书卷廿七"诸库"条)

又,宋人笔记里也常有"行"的记载：

成都士大夫家法严。席帽行范氏,自先世贫而未仕,则卖白龙丸。(陆放翁《老学庵笔记》卷九)

宋文彦博知永兴军,或言陕西铁钱不便,乞一切废之。朝廷虽不从,其乡人多知之,争以铁钱卖物,卖者不肯受。长安民多闭肆,僚属请禁之。彦博曰："如此,是愈惑扰也。"乃召丝绢行人,出其家缣数百匹,使卖之,即纳其直,尽以铁钱。……于是人知铁钱不废,市肆复安。(《山堂肆考》卷一三五"珍宝·彦博安市"引《记闻录》文)

……马行街出旧封丘门,即安远门也。(范成大《揽辔录》)

横河桥,布行前,亦名横河横桥……螺蛳桥北,蟹行,曰蔡湖桥。(吴自牧《梦粱录》卷七"倚郭城南桥道"条)

我们若把上边所举各"行"的名称及内容加以分析,约可把"行"分为三大类：

(1) 商业的行会。为同业商人所组织,偏重于货品的买卖,如鱼行、肉行、果子行等均属这类。

(2) 手工业的行会。为同行的手工业者所组织,偏重于工业品的制造,如钉行及"工作伎巧所居"的大小货行是也。下列二者也是很好的例证：

做靴鞋者,名双线行。(《梦粱录》卷十三"团行"条)

长安人物繁,习俗侈,丧葬陈拽寓像。其表以绫绢金银者,曰大脱空；楮外而设色者,曰小脱空。制造列肆茅行,谓之茅行家事。(宋陶谷《清异录》卷下"大小脱空"条)

不过手工业的行会不专称为"行",又有别名为"作"的,这自汉代已然是这样了。《梦粱录》卷十三"团行"条：

市肆谓之团行者,盖因回买而立此名……其他工役之人或名为

第四章　宋代的行会

"作分"者，如碾玉作、钻卷作、篦刀作、腰带作、金银打钑作、裹贴作、铺翠作、裱褙作、装銮作、油作、木作、砖瓦作、泥水作、石作、竹作、漆作、钉铰作、箍桶作、裁缝作、修香浇烛作、打纸作、冥器等作分。……大抵杭城是行都之处，万物所聚，诸行百市，自和宁门、权子外至观桥下，无一家不买卖者。行分最多，且言其一二，最是官巷花作，所聚奇异飞鸾走凤、七宝珠翠、首饰花朵、冠梳及锦绣罗帛、销金衣裙、描画领抹，极其工巧，前所罕有者，悉皆有之。

同书"铺席"条：

……看垛钱。此钱备准榷货务算清盐钞引，并诸作分打钑炉鞴，纷纭无数。

又第二章所引的《都城纪胜》"诸行"条，亦有类似的记述，不再重赘。因为熟练的手工业技术的关系，这种行会立有很精密的徒弟制度。

《性理会通》卷五十二"人伦"条：

夫巫医、药师、百工之人，其术浅，其能小，犹且莫不有师。儒者之道……而无所师，可不为之大哀耶？

(3) 职业的行会。凡既不是纯粹商业，又不是以技术为主的手工业的行会都可归入此类。前述的"教学行""乞儿行"，《东京梦华录》《梦粱录》二书"顾觅人力"条所载的苦力帮（见本章第五节）及后一书卷七所载的"卸在行"（见第三节），均属于职业的行会。这种不需要熟练技术的工人行会，虽没有严格的徒弟制度的限制，却有势力范围的划分，以免除同业者间的自由竞争，来保障各会员的生活，例证如下：

若养马则有两人日供切草，养犬则供饧糟，养猫则供猫食并小鱼……其供人家打水者，各有地分坊巷。（《东京梦华录》卷三"诸色杂卖"条）

凡民间吉凶筵会，椅桌陈设，器皿合盘，酒担动使之类，自有茶酒司管赁；吃食下酒，自有厨司；以至托盘、下请书、安排坐次、尊前执事，歌说劝酒，谓之白席人，总谓之四司人。欲就园馆亭榭寺院游赏

命客之类,举意便办,亦各有地分,承揽排备,自有则例,亦不敢过越取钱。(同书卷四"筵会假赁"条)

《梦粱录》亦有同样的记载,并说粪夫亦有市场的分割。宋代行会制度的独占作用可谓发展到极点了。

二、入 行 问 题

在基尔特经济时代,行会占有莫大的势力。在经济的领域内,行会包括了个人,工商业者们绝不能离行会而独立。要是他自私自利,为着免除对行会负担义务的缘故,偷偷地不加入行会去做他的买卖或工作,行会的规约是不允许的。行会因为对政府尽了相当的义务,政府亦特许它对于各种职业的独占,并答应以政府的力量来维持行会规约的威严——取缔行会以外之工商业者的存在。《文献通考》卷二十"市籴考"载"郑侠奏议跋"云:

> 京城诸行以计利者上言云:官中每所需索,或非民间用物,或虽民间用物间或少缺,率皆数倍其价收买供官。今立法每年计官中合用之物,令行人众出钱,官为预收买准备急时之用。如岁终不用,即出卖,不过收二分之息,特与免行……有指挥:元不系行之人,不得在街市卖易与纳免行钱人争利;仰各自诣官投充行人,纳免行钱,方得在市卖易;不赴官自投行者有罪,告者有赏。此指挥行,凡十余日之间,京师如街市提瓶者必投充茶行,负水担粥以至麻鞋头发之属,无敢不投行者。

有义务必有权利,加入行会以后在营业上便可享受种种特权了。《宋史·食货志下》五"茶"上"太宗至道年间"条:

> 其输边粟者,持交引诣京师。有坐贾置铺,隶名榷货务,怀交引者凑之。若行商,则铺贾为保任,诣京师榷务给钱,南州给茶;若非行商,则铺贾自售之,转鬻与茶贾。

第四章　宋代的行会

又《宋会要·食货三八》"和市"条：

> 嘉定二年正月十四日臣僚言：辇毂之下，铺户不知其几。近来买到物件，其间小户无力结托，虽有收附，无从得钱。又有不系行铺之物，客到即拘送官，且有使用，方许纳中；而终年守待，不得分文，穷饿号泣，无所赴想……

"行铺"是加入了行会的商店。不加入行会，行会便不保护他，甚至要抵制他，于是政府亦从而予以种种压迫，以至弄到这样凄惨可怜的境地。这么一来，大家都加入行会这件事情是必然的了。

三、宗教活动及娱乐

行会为求团结一致起见，对于本行的祖师都极端崇拜，遇到祖师的诞辰则更有热烈的庆祝以作纪念，如木匠之于鲁班，鞋匠之于鬼谷子，这是一般人都知道的。不过在和宋代有关的材料里尚没有发现到这种记载，故宁缺毋滥。但在别的方面，却很有趣的在宋人笔记里还可考见当时行会的一些宗教活动。当某一种被认作有意义的神诞来临的时候，各行会都陈设本行的物品来祭献，以为本行前途的祈福：

> 北极佑圣真君圣降及诞辰，士庶与羽流建会于宫观，或于舍庭。诞辰日，佑圣观奉上旨建醮，士庶炷香纷然。诸寨建立圣殿者，俱有社会，诸行亦有供献之社。……每遇神圣诞日，诸行市户俱有社会，迎献不一。如府第内官以马为社，七宝行献七宝玩具为社……青果行献时果为社……鱼儿活行以异样龟鱼呈献。……（吴自牧《梦粱录》卷十九"社会"条）

> 三月二十八日乃东岳天齐仁圣帝圣诞之日……诸行铺户以异果名花、精巧面食呈献……（同书卷二"二十八日东岳圣帝诞辰"条）

> 西湖每岁四月放生会，其余诸寺经会各有方所日分。每岁行都神祠诞辰迎献，则有酒行。（耐得翁《都城纪胜》"社会"条）

> 初八日钱塘门外霍山路有神曰"祠山正佑圣烈昭德昌福崇仁真

君",庆十一日诞圣之辰……又有七宝行,排列数卓珍异宝器珠玉殿亭,悉皆精巧。(《梦粱录》卷一"八日祠山圣诞"条)

> 至二十四日夜五更,争烧头炉香,有在庙止宿,夜半起以争先者。天晓诸司及诸行百姓献送甚多,其社火呈于露台之上,所献之物动以万数。(孟元老《东京梦华录》卷八"六月六日崔府君生日二十四日神保观神生日"条)

遇到佳时令节的时候,行会便举行种种共同的娱乐以联络感情。《东京梦华录》卷六载有:

> 正月一日年节:开封府放关扑三日,士庶自早互相庆贺,坊巷以食物、动使、果实、柴炭之类,歌叫关扑,如马行……("正月"条)
>
> 诸坊巷、马行、诸香药铺席、茶坊酒肆,灯烛各出新奇。("十六日"条)

同书卷八"七夕"条:

> 七月七夕,潘楼街东,宋门外瓦子、州西梁门外瓦子、北门外南朱雀门外街及马行街内,皆卖磨喝乐……

不过节日的时候,行会要送东西给政府去祭祀,这至熙宁六年始免除。李焘《续资治通鉴长编》卷二四六"熙宁六年七月己丑"条:

> 详定行户利害条贯所言:据米麦等行状,岁供稑禾、荞麦等荐新(荐,时节之祭也。时逢令节,进荐新物),皆有陪费,缘祠祭重事,自今欲乞荐新,并令后苑及田园苑供应。从之。

此外,有什么游行赛会的时候,各行会更是踊跃参加,希望为本行取得荣誉。《梦粱录》卷二"诸库迎煮"条:

> 临安府点检所,管城内外诸酒库,每岁清明前开煮,中前卖新迎年,诸库呈复本所,择日开沽……至期侵晨,各库排列整肃,前往州府教场伺候点呈。首以三丈余高白布写"某库选到有名高手酒匠,酝造一色上等浓辣无比高酒。呈中第一"。谓之"布牌",以大长竹挂起,

第四章　宋代的行会

三五人扶之而行，次以大鼓及乐官数辈，后以所呈样酒数担；次八仙道人，诸行社队，如鱼儿活担、糖糕、面食、诸般市食、车架、异桧奇松、赌钱行、渔父、出猎、台阁等社。……行首各雇赁银鞍闹妆马匹，借倩宅院……

这是陆上的赛会，又有水上的赛会。《东京梦华录》卷七"驾幸临水殿，观争标锡宴"条：

又有虎头船十只，上有一锦衣人，执小旗，立船头上，余皆着青短衣，长顶头巾，齐舞棹，乃百姓卸在行人也。

"卸在行"即码头或陆上脚夫所组织的行会，因他们的主要工作是起卸及搬运货物，故曰"卸在"，恐是"卸载"同音之误；其所以上加"百姓"二字，则因这是皇帝驾幸观看的赛会，故加此二字以别之。

四、习　　惯

行会的习惯，有些是共通的，有些是各不相同的。前者如过年时各行都停业休息便是一例。后者可分三点来说：

(1) 衣服的装束：

杭州风俗……且如士农工商、诸行百户，衣巾装着，皆有等差：香铺人顶帽披背子；质库掌事裹巾，着皂衫角带；街市买卖人各有服色头巾，各有辨认是何名目人。（吴自牧《梦粱录》卷十八"民俗"条）

其士农工商、诸行百户，衣装各有本色，不敢越外。谓如香铺里香人，即顶帽披背；质库掌事，即着皂衫角带，不顶帽之类。街市行人，便认得是何色目。（孟元老《东京梦华录》卷五"民俗"条）

(2) 货币的行市：

都市钱陌，官用七十七，街市通用七十五，鱼、肉、菜七十二陌，金银七十四，珍珠、雇婢妮、买虫蚁六十八，文字五十六陌，行市各有长短使用。（《东京梦华录》卷三"都市钱陌"条）

（3）度量衡的标准：

  其卖麦面，每秤作一布袋，谓之"一宛"。（《东京梦华录》卷三"天晓诸人入市"条）

五、组　　织

  行会组织的详细情形，在宋代遗下的材料中很难找到。大约会员在这种团体内地位都是平等的，其上则举有首领，负责对内对外的一切任务。这在宋代多称为"行老"，与唐代之称为"行首"是相同的。现分述其任务如下：

  （1）对外的。这可分二种：

  ① 向官府交涉本行的种种权利，如李焘《续资治通鉴长编》卷二四四载"肉行徐中正"和政府交涉"免行"的事情便是一例（其详细情形容后述），同时，因为行老是行会的首领，对于行会中的利弊秘密情事都知道得很透彻，故政府在政治设施上都非常倚靠他。宋人作的《为政九要》[①]"为政第八"说：

  司县到任，体察奸细盗贼阴私谋害不明公事，密问三姑六婆，茶坊、酒肆、妓馆、食店、柜坊、马牙、解库、银铺、旅店，各立行老，察知物色名目，多必得情，密切告报，无不知也。

  ② 代表本行向外承接生意：同时，因行老是当事者，在这种交易进行中自然要负有很大的责任，若其中有舞弊情事，他要亲自或派人去彻底检查，以维持营业上的信任。这实是行会的根本精神。

  凡雇觅人力、干当人、酒食作匠之类，各有行老供雇。（《东京梦

---

① 此书载在明田汝成《居家必用事类全集·辛集》中，经日本人加藤繁考证为宋人所作，原文见《师大月刊》第二期王桐龄氏译之《唐宋柜坊考》，内云："明田汝成《居家必用事类全集》一书，系纂辑宋元人著述中关于居家处世之道者。其纂辑时期疑在元代。《为政九要》当系宋人著作。其序文中谓此书之编者赵素少时曾读《自箴》一书，晚年将其中所记忆之一部分认为与为政有关系者录出，是为此书原本。序文及本文之记载推测，知赵素写此书时在元初，其少时读《自箴》时当在宋末，《自箴》之著述时代当溯至宋初。"

第四章 宋代的行会

华录》卷三"雇觅人力"条）

更有六房院府判提点，五房院承直太尉，诸内司殿管判司幕士，六部朝奉顾请私身轿、番安童等人，或药铺要当铺郎中、前后作、药生作，下及门面铺席要当铺里主管后作，上门下番，当直安童，俱各有行老引领；如有逃闪，将带东西，有元地脚保识人前去跟寻。……或官员士夫等人欲出路、还乡、上官、赴任、游学，亦有出陆行老，顾请脚夫脚从，承揽在途服役，无有失节。（《梦粱录》卷十九"顾觅人力"条）

他既为本行向外接洽买卖，其所定价格自被遵守了：

且言城内外诸铺户，每户专凭行头于米市做价，径发米到各铺出粜。（《梦粱录》卷十六"米铺"条）

要是违犯此种价格的规定而廉价出售，当然是不允许的：

公先呼作坊饼师至……饼师曰："自都城离乱以来，米麦起落，初无定价，因袭至此，某不能违众独减，使贱市也。"（《春渚纪闻》卷四"宗威愍政事"条）

(2) 对内的。这便是关于行会中的种种事宜负设施上的责任，上引《梦粱录》卷二"诸库迎煮"条的"行首各佣赁银鞍闹妆马匹，借债宅院……"就是例证。

六、会　所

会所是行会的办公地方，同时又是同业者共同祭祀其本行祖师之所在。这在以后称为公所或会馆。在宋代，似尚没有此种名称，但这种会所之存在是不成问题的：

……城内外鳌铺不下一二百余家，皆就此上行。（《梦粱录》卷十六"鳌铺"条）

大抵杭城是行都之处，万物所聚，诸行百市……更有儿童戏耍物

件,亦有上行之所。(《梦粱录》卷十三"团行"条)

"上行"就是行会登记货物来收"行用",并把它作质及量的检查以便统治市场的意思。这种"上行"的会所恐就是会馆或公所的前身,官府需用该行的品物时即派人到这里来收买:

(天禧)五年四月三司知益州薛奎言……又勾当场务公人,就大价收买,趁限送纳,甚是不易,欲乞指挥利州路转运司与利州三泉县住行抽买铤银……(《宋会要·食货三七》"市易"条)

我们可以想象到:各行开会时大都在这种会所。但当时茶肆非常发达,故各行行老要开联席会议或做营业上的交易时,地点并不是此行或彼行的会所,而是茶肆:

大凡茶楼多有富室子弟、诸司下直等人会聚,习学乐器、上教曲赚之类,谓之挂牌儿。人情茶肆,本非以点茶汤为业,但将此为由,多觅茶金耳。又有茶肆,专是五奴打聚处;亦有诸行借工卖伎人会聚行老,谓之"市头"。(《梦粱录》卷十六"茶肆"条)

七、与政府的关系

(一) 免行钱

宋初,各行会都要供给本行品物与政府,政府虽给回若干价钱,但为数甚少,且运送费由行会自办,差不多成了一种赋税的样子。这其中的弊陋是很大的。神宗熙宁六年七月,因汴京肉行代表徐中正之建议,开始调查,遂规定按各行商人的资力,每月交纳"免行钱",官用物品则照价购买。《续资治通鉴长编》卷二四四"熙宁六年四月庚辰"条:

诏提举在京市易务及开封府司录司,同详定诸行利害以闻。初,京师供百物有行,虽与外州军等,而官司上下需索,无虑十倍以上。凡诸行陪纳猥多,而赍操输送之费复不在是。下逮稗贩贫民,亦多以故失职。肉行徐中正等以为言,因乞出免行役钱,更不以肉供诸处,

第四章 宋代的行会

故有是诏。

《宋会要·食货三八》"和市"亦有同样的记载：

> （熙宁）六年四月七日，诏提举在京市易务及开封府司录司同详定诸行利害以闻。初，京师供百物有行。官司所须，皆并责办。下逮贫民浮费，类有陪折。故命官讲求，虽与外州军等，而官司上下需索，无虑十倍以上。……

当时汴京诸行所出免行钱共计 43 300 多贯，见《宋史·食货志下》"市易"条。其数目之详细分配情形载于《续资治通鉴长编》卷二四五"熙宁六年五月戊辰"条的原注：

> 熙宁六年五月二十六日中书札子：详定行户利害条贯所奏，准中书札子节文：奉圣旨，详定到行户利害，先次闻奏。今先详定到下项节文数内一项。据行人徐中正等状：屠户中下户二十六户，每年共出免行钱六百贯文赴官，更不供逐处肉。今据众行人状，定到下项：中户一十三户，共出钱四百贯文，一年十二月分，乞逐月送纳，每户纳钱二贯七十文；下户一十三户，共出钱二百贯文，一年十二月分，乞逐月分，每户纳钱一贯二百九十文。右奉圣旨：宜令详定行户利害条贯所计会三司，同共相度闻奏。

纳免行钱后，各行便可不供给物品，而由政府出钱购买：

> 详定行户利害所言：乞约诸行利入厚薄纳免行钱，以禄吏与免行户只应。自今禁中买卖，并下杂卖场、杂买务，仍置市司，估市物之低昂，凡内外官司欲占物价，则取办焉。皆从之。（《续资治通鉴长编》卷二四六"熙宁六年八月丙申"条）

> （宣和）三年二月二十八日，访闻开封府将已纳免行钱人户又行科差，显属违法骚扰。应在京已纳免行钱人，不得违法更有科差；其不纳免行钱诸色行人，仍不许科差非本行事。如违，以违制论，仍许人户越诉。诸路令行户供应非本行斡运与贩物者准此。（《宋会要·食货三八》"和市"条）

但实行起来，仍有毛病，中下阶级的人民更吃亏：

（熙宁）七年四月三日，中书奏事，时上论及市易利害，且曰："朝廷所以设此，本欲为平准之法以便民，《周官》泉府之事是也。今正尔相反，使中、下之民如此失业，不可不修完其法也。已差韩维、孙永参问行人出钱免行利害，可令元详定官吕嘉问、吴安持同取问。"（《宋会要·食货》三七"市易"条）

不过此法到了南宋初还是实行着：

（高宗绍兴）十一年四月八日臣僚言……宣和间，市户乞依熙宁旧法纳免行钱，罢行户供应，民实便之。至靖康间罢纳。近来州、军、县、镇遇有抛买，依前下行户供应，望下有司严行禁止，依旧法量纳免行钱。从之。（《宋会要·食货》六四"免行钱"条）

十五年四月十二日，内降制：州县行户悉罢供应，令量纳免行钱……（同上）

（二）物品的买卖

行会是一种有信用的组织，故政府所需要的物品都"下行收买"：

官府宅司，但用诸般物色、金银器皿、珠玉犀象、绫锦罗彩、食用物料，招行人对面商量，立支价钱，永无词讼……（《为政九要·正内第三》）

景德三年五月九日诏……又内中降出见钱，令杂买务收买供应物色，自今便仰据数送下，依例下行收买供应，更不得令将见钱转换不堪匹缎兑卖。又内中所买羊肉，自今并令使臣上历出给印押帖子，差辇官下行取买。诸宫院准此。（《宋会要·食货》六四"和买"条）

（大中祥符）七年十一月，诏内东门、顺仪院、崇真资圣院、太和宫及房卧使臣取买物，许于杂买务下行收买，除官库所有物外，各令行人等第给限供纳。是月，诏：杂买务应下行买物者，价钱不得住滞邀乞……（同上）

其所以一定下行收买的原因，是由于价格便宜——比官买平一半：

第四章 宋代的行会

> (神宗熙宁)五年十二月一日……上曰:"令行人扑买上供物亦易尔。前宋用臣修陵寺,令行人揽买漆,比官买减半价,不知市易司何故致人纷纷如此?岂市易司所使多市井小人耶?"(《宋会要·食货》三八"和市"条)

价格是很公平的。因为各行每隔十日即大家开会共同议定价目的大小,送给政府备案,于是在此十日内货物的价目都是这么多少,不得有所增减。这正是行会统制市场的精神所在。《宋会要·食货》六四"和买"条:

> 天禧二年十二月,提举库务司言:杂买务准内东门札子,九月收买匹帛,内白绝,每匹二千二百;十月收买皂绝,每匹二千八百;及收买果子,添减价例不定,称府司未牒到时估。检会大中祥符九年条例,时估于旬假日,集行人定夺。望自今令府司候,入旬一日,类聚牒杂买务,仍别写事宜,取本务官批凿月日,赍送当司置簿抄上点检。从之。是月,诏三司、开封府指挥府司:自今令诸行铺人户,依先降条约,于旬假日齐集,定夺次旬诸般物色见卖价状赴府司,候入旬一日牒送杂买务;仍别写一本,具言诸行户某年月日分时估,已于某年月日赴杂买务通下,取本务官吏于状前批凿收领月日,送提举诸司库务司置簿抄上点检。府司如有违慢,许提举司拘干系人吏勘断。

这样规定以后,官府也要照实价购买,不准打折扣:

> 仁宗皇祐四年三月二十六日诏杂买务:自今凡宫禁所市物,先须勘会库务委阙者,方得下行,仍皆给实直;其非所阙者,毋得市。(同上)

但在上者虽有此诏令,下级官吏却阳奉阴违,时时对行人加以抽剥或压迫:

> (高宗绍兴)十一年四月八日,臣僚言:州、军、县、镇旧来行户立定时旬价直,令在任官买物,盖使知物价低昂,以防亏损;而贪污之吏并缘为奸,贵价令作贱价,上等令作下等,所亏之直不啻数倍,致人户

陪费失所。(《宋会要·食货》六四"免行钱"条)

(熙宁五年)七月辛卯诏……(安石)明日,进呈内东门及诸殿吏人名数,白上曰:"从来诸司皆取略于果子行人,今行人岁入市易务息钱几至万缗,欲与此辈增禄!"……(同书卷《食货》五五"市易务"条引《九朝纪事本末》文)

上因谓执政曰:"近三司副使有以买靴皮不良决行人二十者。今两府尚不下行人买物,而省府乃扰民如此,甚非便也。"(《续资治通鉴长编》卷二四四"熙宁六年四月庚辰"条)

(三) 市易违法事件

神宗时,外来商人常因汴京富商巨贾之把持行市,控制市场,以至于破产。政府立市易法救济之,尽量收买外来商人卖不去的货物,再转卖于各行商人。《宋会要·食货》三七"市易"条:

(熙宁)五年三月二十六日,诏曰:"天下商旅物货至京,多为兼并之家所困,往往折阅失业,至于行铺、裨贩,亦为较固(疑计较)取利,致多穷窘。宜出内藏库钱帛,选官于京师,置市易务。商旅物货滞于民而不售者,官为收买,随抵当物力多少均分赊,请立限纳钱出息。其条约委三司本司官详定以闻。"……既而有魏继宗者,自称草泽,上言:"京师百货所居,市无常价,贵贱相倾,或倍本数,富人大姓皆得乘伺缓急,擅开阖敛散之权,取数倍之息。今榷货务自近岁以来,钱货实多余积,而典领之官但拘常制,不务以变易平均为事,宜假所积钱别置常平市易司,择通材之官以任其责,仍求良贾为之辅使,审知市易。物之贱,则少增价取之,令不至于害商;贵则少损出之,令不至于害民。因得取余息以给公上,则开阖敛散之权,不移于富民,国用以足矣。"于是中书奏欲在京置市易务监官二员,提举官一员,勾当公事官一员,以地产为抵官贷之钱。货之滞于民者,为平价以收之,一年出息二分,皆取其愿。……

但实行后却与理想不符,其主要原因为商业资本家之从中作祟。这

第四章 宋代的行会

可在王安石的谈话中看出：

> 今修市易法，即兼并之家，以至自来开店停客之人并牙人，又皆失职。兼并之家，如茶一行，自来有十余户。若客人将茶到京，即先馈献设宴，乞为定价，此十余户所买茶更不敢取利，但得为定高价，即于下户倍取其利以偿其费。今立市易法，即此十余户与下户买卖均一，此十余户所以不便新法造谤议也。臣昨但见取得茶行人状如此，余行户盖皆如此。（《续资治通鉴长编》卷二三六"熙宁五年闰七月丙辰"条）

行人反对市易法的结果，和实行市易法的当事者王安石、曾布、胡继兴等有很激烈的论争，后者终于敌不住而倒台了：

> （熙宁七年四月）二十四日，诏曾布根究市易违法事……惠卿至三司，讯行人，无异词……布欲避惠卿，乞别选官根究，具行人所诉对延和殿上……明日惠卿罟行人及胥吏，以语侵布……（《宋会要·食货》三七"市易"条）

> 熙宁七年……三月……又明日，惠卿至三司召魏继宗及行人问状，无复有异辞者。惠卿退……又遣温卿密造王安石，言张榜事，且曰："行人辞如一，不可不急治继宗。……"（《宋会要·食货》五五"市易务"条引《九朝纪事本末》文）

> （熙宁七年）四月己巳，翰林学士吕惠卿言：奉诏，与曾布同根究市易事，勾集行人照证，而有臣未到已前布所取状，臣恐当再行审复，乞下开封府，暂追付臣处供析，即更不系禁。中书欲依惠卿所乞施行。上批：可令布、惠卿一处取问，所贵不致互有辞说。三司既收榜放罪，上复以手札赐布，令求对。布即具陈行人所诉，并疏惠卿奸欺以闻。及是布对，上慰喻久之……退与惠卿召行人于东府，再诘其所陈，如前不变。而王安石恳求去位，引惠卿执政，上既许之。乙酉，布复与惠卿会，惠卿颇有得色，诟骂行人及胥吏，以语侵布，布不敢较也。……壬午，翰林学士、行起居舍人、权三司使曾布落职，以本官知饶州……（《宋会要·食货》五五"市易务"条引《九朝纪事本末》文）

八、宋代行会之性质的探讨

生产力状态是某一定时代的基础,各层的社会建筑物都建立在这个基础上面。某一定社会各分子间的关系即生产关系,是直接由这种基础的结构来决定的。生产关系同时又决定社会存在的形式,实在是某一定社会组织的社会经济结构所依据的经济基础。故某一社会制度绝不是静止着千古不变的,而是随生产关系的改变而改变。

行会发展到了宋代,由于商业资本主义空前发达,已不能重复保持着原来的纯粹形态,其性质的改变是必然的事了。我们对于商业资本主义之改变行会制度,可从下列两点来考察一下:

(1) 手工业者因为资本的缺乏,往往受高利贷资本的压迫,因而改变其从前独立的状态,而成为商业资本的附庸。宋吴曾《能改斋漫录》卷十八"伍生遇五通神"条:

> 嘉祐中,临川人伍十八者,以善裁纱帽入汴京,止于乡相晏元献宅前,为肆以待售。一日至保康门,遇五少年趯气球,素亦习此,即从少年趯之。少年见伍生颇妙,相与酬酢不已,时日已西,四少年将去,曰:"大哥不归乎?"其一人曰:"汝先去,吾与球士饮酒耳。"乃邀伍生上房家楼,饮之尽四角,问生本末甚详。饮罢,取笔写帖付生曰:"持此于梳行郭家取十千钱,与汝作生业。"生受之,系衣带间。少年又曰:"夜深矣,汝勿归,且随我至吾家宿可也。"伍生从之……及天明,乃在保康门内西大石上,甚怪骇。顾视笔帖仍在,遂持诣郭家取钱,郭如数与之。生自是谋运稍遂,其后家于楚州。

日人加藤繁在《唐宋柜坊考》[①]中解释此段文字,以为郭家类似柜坊:

> 少年写帖与伍生,使持往梳行郭家取钱十千,伍生如其言取之,郭家照数与之,此为吾等应注意之事。梳行者,释作卖梳具之店铺,

[①] [日]加藤繁著,《唐宋柜坊考》,王桐龄译,《师大月刊》1933年第2期。

第四章 宋代的行会

如现今北平所谓米庄、绸缎庄；或释为梳具店聚集之处，如现今天津所谓估衣街，北平所谓布巷子，二说皆可通。惟少年与伍生帖，指示所向地址，似当照第二义解释为妥。据孟元老《东京梦华录》，汴京各行商店不集中一处，彼此交错而居。梳行所在地未必皆梳行，梳行以外之店铺当然杂居者不少。郭家虽家于梳行，未必即业梳行。郭家与少年之关系虽不清楚，然少年用帖向郭家取钱，当然认为郭家一向代少年存钱，或郭家欠少年钱。由第一义言之，少年为存户，郭家为代存之户；由第二义言之，少年为债权者，郭家为债务者，二者必居一于此矣。债权者对于债务者虽可用拨条取钱，然数量之多寡，期限之早晚，未必能尽如己意。数量期限完全受一方面支配者，大抵只有存户对于存钱。尤以存户对于柜坊可以彻底应用。少年与伍生帖，颇似存户所开之支票。伍生持往郭家取，颇似持支票人往银行或钱庄取钱。郭家如数与之，颇似银行钱庄之见票即付。由侧面观察，知少年类似存户，郭家类似柜坊，伍生类似存票人。

梳行，顾名思义，该地以买卖及制造梳具的店铺为最多，我们是可以想像的，虽然还有梳具以外的店铺。梳行区域内有银行钱庄式的柜坊之存在，柜坊之存在是以梳行之存在为前提是当然的事了。柜坊干的是什么事情？它一面固可以存款，一面更可以放款。它之所以能维持下去，实由于梳行中的各店铺时常向它要求取得高利贷的借款。这样，制造或买卖梳具这一行之屈服于商业资本之下是一定的了。

（2）商业资本特别抬头的结果，是豪商巨贾们利用行会来压迫外来商人，勾结官府来减免"行用"，至于中小商人则因负担太重，往往私自作野鸡式的营业而不肯入行：

> 王安石言："……今修市易法，即兼并之家，以至自来开店停客之人并牙人，又皆失职。兼并之家，如茶一行，自来有十余户。若客人将茶到京，即先馈献设燕，乞为定价，此十余户所买茶更不敢取利，但得为定高价，即于下户倍取其利以偿其费。……"（《续资治通鉴长编》卷二三六"熙宁五年闰七月丙辰"条）

（宣和）七年四月二十四日……诸县将抛降之物往往比合用之数暗有增添,容纵公吏作弊,并不明具人户逐等逐户合著之数,晓喻民间通知;致有力者计勾,行用得以减免,而贫下者或致破产……(《宋会要·食货》三八"和市"条)

（熙宁）六年正月七日……上曰:"市易司卖果实太烦细,罢之如何?"安石曰:"市易司但以细民上为官司科买所困,下为兼并取息所苦,故自投状,乞借官钱出息,行仓法,供纳官果实。自立法以来,贩者比旧皆得见钱,行人比旧所费十减八九,官中又得美实。每年行人为供官不给,辄走失数家,每纠一人入行,又辄词讼不已。今乃愿投行人,则其为官私便利可知……"(《宋会要·食货》三七"市易"条)

然而,我们不能因此便说行会制度已崩溃,以至于消灭,这只是性质上发生多少变化而已。行会制度的崩溃实开始于工业资本主义的来临。关于这点,我们可以拿欧洲行会制度的历史来作参考:

手工业制度很坚固的存留在初期资本主义（原著者定时期从15世纪起,至19世纪中叶止——附注。）的末叶,及全盛期资本主义来临时才起始崩溃。……虽然矿冶业及镕铁业已尽量的改变为资本主义的形式,行会组织存在的例证却见于法德英等地方。最明显的例证是 New castle on Tyne 的 Hoastmen 公司（独占煤业）。德国 Remacheid 及 Schmalkalden 地方的制金属器工业,法国南部的制钉业,及法国和波希米亚（Bohemia）的一些玻璃工业,都仍保存着行会的性质。[1]

---

[1] F. L. Nussbaum: *A History of the Economic Institutions of Modern Europe* (New York, 1933), p.207.

第五章　元明时代的行会

元明时代,行会制度仍是向前发展着。"行"的大概的数目,因为"行"久已客观的存在,在当时人们的谈话中常常提及。这只要翻阅元曲一下,便可知道:

> （正旦云）自从和韩辅臣作伴,又早半年光景。我一心要嫁他,他一心要娶我。则被俺娘板障,不肯许这门亲事。我想一百二十行,门门都好着衣吃饭。俺这一门却是谁人制下的,忒低微也呵!（关汉卿《金线池》第一折）

> 列一百二十行,经商财货。（乔孟符《扬州梦》第一折混江龙曲）

明末小说《拍案惊奇》卷八篇首说:

> 衣冠中尚且如此,何况做经纪客商,做公门人役,三百六十行中,尽有狼心狗行,狠似强盗之人在内,自不必说。

据马可·波罗（Marco Polo）当时亲身看见的事实,元代的杭州有12个大规模的手工业行会:

> 在这个城市里面,有12个不同的手工业行会,并且每个行会的工人占有12 000所房子。每一所房子至少可以容纳12人,有些还有容纳20至30人之多,——但这不全是老板,还包有在老板管理下来工作的伙计。这许多工人仍然通通都有充分的工作做,因为别的许多城市都靠这个城市产出的一切必需品去供给。[1]

可是我们要注意:那时杭州所有的行会绝不止于12个,不过是行会

---

[1] Yule: *The Travels of Marco Polo* (The Complete Yule-Cordier ed., London, 1929), Chapter LXXV (2: 186).

够大足以引起这位游客注意的,只有 12 个而已。此外,自然还有多数行会存在于杭州的。因为南宋时杭州有"四百十四行"(见第四章)之多,不会刚过了一些时候便只留下 12 个这么少。

元代职业行会很发达,甚至妓女也组有行会,选举"行首"处理一切事务:

> [末云]赵牛觔!我问你咱。那两个女子谁氏之家?[净云]那个生得好些的是上厅行首李亚仙,这一个是她妹子刘桃花。(石君宝《曲江池》第一折)

> [张千云]那行首叫做李亚仙。(同书第四折)

> [副末扮马员外上云]小生姓马,名均卿……此处有个上厅行首张海棠,与小生作伴年久。(李行道《灰栏记》楔子)

明代行会与政府的关系,可从下列文中看出一二:

> 弘治元年,命光禄减增加供应。初,光禄俱预支官钱市物,行头吏役,因而侵蚀,乃令各行先报纳而后偿价。(《明史・食货志》六"上供采造"条)

> 正统二年令买办物料:该部委官一员,会同府县委官拘集该行铺户估计时价;关出官钱,仍委御史一员,会同给与铺行,收买送纳。(《大明会典》卷三七《时估》)

明代行会的习惯与宋代不相上下,现分述之:

(1) 假日。明田汝成《西湖游览志余》卷二十"熙朝乐事"条:"除夕……是日官府封印,不复金押,至新正三日始开;而诸行亦皆罢市,往来邀饮。"

(2) 言语。同书卷二十五"委巷丛谈"条:"《辍耕录》言:杭州人好为隐语,以欺外方……此皆宋时事耳。乃今三百六十行,各有市语,不相通用,仓猝聆之,竟不知为何等语也。"

第六章 会　　馆

一、沿　　革

会馆的名称最初见于明代。刘侗《帝京景物略》卷一"文丞相祠"条：

> 今顺天府学，因宋文丞相义尽之柴市，祠丞相学官中，曰教忠坊。丞相庐陵人，庐陵人祠丞相学官外，曰怀忠会馆。教忠，长上志；怀忠，臣子志也。

其实，若舍名而论实，则会馆绝不始于明代，南宋早已存在；虽没有明说是"会馆"，但从外郡人在杭州所干的事情与后来会馆的事业无异这一点看来，我们实不能否认有会馆这一回事。南宋吴自牧《梦粱录》卷十八"恤贫济老"条：

> 杭城富室，多是外郡寄寓之人。盖此郡凤凰山，谓之客山，其山高木秀，皆荫及寄寓者。其寄寓人多为江商海贾，穹桅巨舶，安行于烟涛渺莽之中，四方百货，不趾而集，自此成家立业者众矣。数中有好善积德者，多是恤孤念苦，敬老怜贫，每见此等人买卖不利，坐困不乐，观其声色，以钱物周给，助其生理，或死无周身之具者，妻儿罔措，莫能支吾，则给散棺木，助其火葬，以终其事。……

而且，杭州的同乡者又有组织会社来敬神的事迹，这也可见当时都会里同乡相互间不是没有建设的。同书卷十九"社会"条：

> 二月初三日，梓潼帝君诞辰，川蜀仕宦之人，就观建会。

据日人根岸佶的研究，汉代京师的郡邸，不单为同郡人所共用，而且是同郡人的公产,实与现今的会馆无异。① 按郡邸,《说文解字注》(六篇下·邑部):"郡国朝宿之舍,在京者率名邸。"《汉书》卷十九上《百官公卿表第七上》(注颜)师古曰:"主诸郡之邸在京师者也。"可是郡邸实不单是同郡官员的寄宿舍,除政治外尚有商业的意义,盖当时共同组设此种郡邸的太学生并不专去读书,还要去做买卖,那就是各自本郡的土产之出售。《三辅黄图》②云:

> 元始四年,长安城南……博士舍……,之北为会市,"但列槐树数百行为队,无墙屋。诸生朔望会此市,各持其郡所出货物,及经书、传记、笙磬乐器相与买卖,雍容揖让,或论议槐下。"

会馆的过去历史既明,现请更就某特殊会馆的本身述其沿革。广东人很早就与汉口通商,而位于汉口广东间的湖南湘潭更是贸易的要冲,故广东人与汉口贸易即以此为根据地。清初,南海、番禺、顺德、新会四县来湘潭做买卖的人乃合建会馆,其内祭祀关羽,初本四县人共同祭奠,后则分开。南海有粤魁堂,番禺有禺山堂,顺德有凤城堂,新会有古岗堂,各自设立规约,处理同县人事务;其与同县人有共同利害关系者,则取一致行动。他们往汉口贸易时,亦如在湘潭那样,于康熙五十一年(1712)建立会馆,乾隆九年(1744)又复增建。式样仿湘潭,后堂正中供武帝,即关羽。当时建筑用的瓦是从远隔三千五百华里的广东运来的,一切湖北省的材料都不用。其建筑之费力可想而知。四十余年后,堂宇荒废,乾隆五十四年遂又改筑,且增大其规模。但长发贼乱后,又复破坏不堪了。幸而咸丰以来,汉口因外国贸易而开放,商业大盛,故协四县人之力,又于同治年间重修成功。再后,汉口贸易更为发展,该四县人之来此经商者日益增加,乃于光绪四年(1878)各人醵款,并对他们的输出入货物加以若干课税,以作改筑增设之用,完成于光绪十七年。这就是岭南会馆。

---

① [日]根岸佶:《支那行会的研究》,斯文书院,1932年,(东京,1933)第33页。
② 编者按:今本《三辅黄图》并无下面引文,该引文实出于《太平御览》卷五三四《礼仪部十三·学校》引《黄图》。

第六章　会　馆

二、会馆发生的原因及其范围

关于会馆发生的原因,明刘侗《帝京景物略》卷四"嵇山会馆唐大士像"条有这样的记载:

> 尝考会馆之设于都中,古未有也,始嘉(靖)隆(庆)间。盖都中,流寓十土著,游闲屣士绅,爰隶城坊而五之,台五差,卫五缉,兵马五司,所听治详焉。惟是四方日至,不可以户编而数凡之也,用建会馆,士绅是主。凡入出都门者,籍有稽,游有业,困有归也,不至作奸;作奸未形,责让先及,不至抵罪;抵于罪,则藉得之耳,无迟于补。会馆且遍,古法寖失,半据于胥史游闲,三奸萃焉。继自今,内城馆者,绅是主;外城馆者,公车岁贡士是寓。其各申饬乡籍,以密五城之治。斯亦古者友宗主薮,两系邦国意欤?

这是专就京师的治安立论的,所见自有他的道理,但我以为真正的原因并不如此。

中国人爱乡心极强,每逢佳时令节必引起思乡的情绪,故爱慕故乡的诗文甚多。他们以生死于故乡为本,虽有时为生计所迫而作客他乡,事业成功后却要衣锦还乡,即不幸而失败死亡的时候也希望能够把遗骨归葬于先人之墓。所以他们在他乡住上数代,仍呼祖先出生之地为故乡,同时亦仍被所在地的人目为客籍。他们在故乡时,一向聚族而居,有福同享,有祸同当,故一旦外出做官、做买卖或从事其他工作的时候,以同乡之谊来作成一种团结是当然的事了。而且,历来政府对于地方事业都委地方人民自治,结果增加了后者的地域观念,他们心目中的他乡人几与异种人无异。这样一来,土人对于他乡人的嫉视,甚至虐待侮辱,是常见的事了。因此,他乡人为保护其生命财产计,便依同乡之谊来组织相互救济的团体。复次,中国祖先崇拜盛行,谁都希望死后埋葬于祖先的坟地内,故祖或父客死他乡时,其子孙辄不以数千里为远,不辞千辛万苦地把祖或父的遗骸运回原籍安葬。可是在交通不便盗匪横行的当时,以一人之力来完成这种义务是很困难的,实有赖于同乡人之同心协力。尽这种作用的团体组织就是会馆。

会馆的范围有大小之不同,一共可分为下列六种:

(1) 由一县人组成者,如湘乡会馆、武进会馆等是。

(2) 不过县的区域太少,有时不能够组成有力的会馆,故又有由一府人合组者,如广州府属之岭南会馆,宁波府属之四明公所。

(3) 若需要更大的团结,则在地理、语言、历史诸方面有特殊关系的两三府人往往合组一会馆,如广州、肇庆二府人组成的广肇会馆,潮州、惠州人组成的潮惠会馆。

(4) 元代把中国本部分为九行省,明代分十三行省,清代则十八行省,其后更分为廿二行省,各以总督巡抚来统治之,这样不觉增强了同省人的省界观念。故又有一省人合组的会馆,如广东会馆、四川会馆。

(5) 但在某都会中,同省人太少,不能组成有力的会馆的时候,互相邻接的两三省人便合组一会馆,如云南、贵州二省人的云贵会馆,湖南、湖北二省人的湖广会馆。

(6) 此外,出海外的时候,每不论其出生地之异同而组成中华会馆。

三、客帮与会馆的关系

中国地跨寒、热、温三带,各地因种种环境的关系,经济情形每有差异。第一,出产方面,安徽的茶、墨,山东的茧绸,四川的药材、盐、白蜡,福建的木材、漆器,江西的夏布、纸,都各有其特长所在。第二,制造业方面,瓷器以景德镇为最著名,老酒则绍兴,杂货则广东,绢织物则南京、苏州、杭州。第三,技能方面,各地人更各有其特殊的技艺或性能:

(1) 山西人生长在寒冷贫瘠的地方,生活艰苦,乃专事勤储蓄,结果爱金钱甚于生命,故有"老西儿舍命不舍财"之语。在金钱的管理上既有特殊才干,他们之在各地设立票号,独占各地的汇兑事业,自是必然之事了。

(2) 广东人唐时已与外国人接触,熟识海外事情,且性质豪快敏捷,最适于对外事业的经营。故他们多做外国贸易商、外国商馆买办及轮船上

第六章 会　馆

的海员。

（3）绍兴人的头脑最熟法理，且文笔秀丽，故多做清代大小官吏的幕友，所谓"绍兴师爷"是也。

（4）山东、江北一带，土地贫瘠，水害频繁，故这两地的人民多出外做工，上海的下级劳动大多是江北人去做，而北平的挑水业更为山东人独占了去。

这些同业者跑到他乡经商或劳动的时候，为着应付当地土著的压迫而保护自家的利益计，遂组织成"帮"（约分商帮、手工帮、苦力帮三种。）并建立会馆。故会馆一面是同乡的团体，一面又是同业的组合，可说是同乡的行会。

帮与会馆有时并不相等，因某地人有时不单从事一种职业。如汉口四川帮的药材商人组成药帮，船舶业者组成船帮，各在四川会馆内设置药帮公所、船帮公所以处理帮务。上海四明公所内各帮亦分别组织会社：酒帮有济生会，鱼帮有同善会，石器帮有长胜会，海产帮有崇德会，南货帮有永兴会，竹器帮有同兴会——综合起来，则共称宁波帮。

现在且让我们多举几个例。温州的钓钩行为福州人独占，铸针行为台州人独占。在北平，山西人独占了钱业票庄及颜料行，山东人有"水阀"之号。其余各行，想亦有同样现象，故均各立会馆。《朝市丛载》卷三"会馆"条说：

文昌会馆　书行公立，以为酬神议事之所。

长春会馆　玉器行公立。

颜料会馆　颜料行公立……

药行会馆　药行公立。

湖南湘潭古来有七帮：

（1）西帮（江西帮）　更分为吉安、临江、抚州三府商人的团体（帮）：

① 吉安帮　经营钱铺、广货（广东杂货）、洋货（外国杂货）、匹头（绵布类）、药材诸业。

② 临江帮　药材。

③ 抚州帮　匹头、干药、铁货。

（2）南帮（江南帮）　布匹、油、糟（糟坊的酿酒业）。

（3）苏帮（苏州帮）　绸缎、布匹。

(4) 北帮（山东、山西、直隶、陕西等）　票号（汇兑业者）、皮货（皮毛类）、酒、药材、枣子等。

(5) 本帮（湖南帮）　钱铺、洋酒、海货（海产物）。

(6) 广帮（广东帮）　槟榔、扇子、其他杂货类。

(7) 建帮（福建帮）　烟丝。

在汉口，以下列数帮为最著：

(1) 湖南帮　茶、米。

(2) 陕西帮　牛油、牛皮、羊毛。

(3) 云贵帮　木耳、生漆、桐油、麻油、白蜡、木材。

(4) 山西帮　票号。

这些帮的办事机关都称作会馆或公所。

故马扎亚尔《中国经济大纲》说："在北平有广东会馆、四川会馆等等，在上海有广东会馆、宁波会馆、湖北会馆、湖南会馆等等。这些组织是以慈善的机能来援助同乡人。我们以为毫无疑义的就是：这些省区会馆首先是商业资本的组织。在1890—1900年它们执行了保护这一省在别省的商业资本的利益的机能。下面就是海关监督如何评断在浙江的云贵会馆：'这两个会馆是这两省中有产阶级和商人的代表联合起来的。'关于南京的各省会馆有如下的说明：'这些会馆的会员，当然是从商业阶级而来的。'而关于山西的各省俱乐部则认为：'在山西这些会馆的发生特别是由商人方面发起的。'"[①]

四、会馆的组织

(一) 设立的方法

会馆设立的第一问题自然是经费。经费的来源为同乡人的募集，而同乡中之大官富商的捐助尤属重要。如北京的广德州会馆是由康熙年间一御史的捐助而设立的。此外，对于同乡人输出入的货物加以赋课，也是

---

① 编者按：此书译者徐公达，新生命书局，1933，第396—397页。

筹款的一法。

创设时,须得当地政府的许可,以便蠲免义地及其他各税;同时又可得当地军警的保护,以免土著无赖的种种敲诈或压迫。

会馆的构造颇为复杂,约分下列各部分:(1)司事房;(2)神殿;(3)戏台;(4)花厅;(5)客厅;(6)厨房;(7)丙舍(停柩用);(8)义塚。

(二) 会员

会馆的设立以增加同乡者相互间的感情为目的,故原则上,只要是来会馆所在地的同乡者,不问其个人或商店,都具有会员的资格。可是我们不要忘却另一方面,会馆是同乡的行会,有事业独占的作用,故为保护原有会员的利益计,不能不对于新加入的会员有相当的限制。现举例如下,以见限制内容之一斑:

(1) 汉口江西会馆公议:

① 凡新开店者,当出钱一串二百文。

② 新来汉口为店员者,当出入帮钱四百文。

③ 自他帮雇人之徒弟,当出钱五百文。

④ 徒弟入会者,当出钱五百文。

⑤ 新来汉口贸易者,一年以内,届出于会馆,若入帮延迟一月者,公同处罚。

⑥ 目下在汉口之商人不分明者,查出后当遵规约入帮。

(2) 金银玉店公议:"凡新开业者,须设酒席招饮公所人员,其应出会馆公费,视其营业之大小酌定多寡。"

(3) 广东南番布行公规:"公议:凡有新入行之店,每捐招牌银五十大圆,另行底银五十两整,均用公码兑正。至所捐之招牌银,永为本会馆所得;行底银,倘该店别业荣归,如数珍复。"

(三) 会馆的职员及工役

会馆的最高职员是理事,通常称为董事。职责有二:

(1) 对内的。监理会馆的一般事务,如银钱的出入及善举的办理。复次,会员间发生纠纷时,则为之和解仲裁;会员若违反规则,则依照条例来加以处分,通常以罚款为多。

(2) 对外的。会馆须与政府或其他团体交涉时,董事代表会馆去折冲其间。会馆会员与外界的争执,由董事出头谈判,诉讼时也是一样,因为是可以拿会馆作后盾的缘故。其职责既是这样重大,自然要有财产及名望的人才有被选举的资格。任期大都一年。因恐陷于寡头专制之弊,所以会馆规定有数名董事。此外又设有副董事,又名司月或值月,每月轮流辅佐董事处理会馆事务。因一年共十二月,故额数定十二人。这都是名誉职,不受薪,但每年得由会馆支给多少车马费。

但会馆事务烦杂,实非正副董事所能一一处理,故又选任司事以助之。这是有薪水的。此外,又有各种杂役。约可分为：

(1) 支客(或知客),接待宾客;
(2) 督龙,管理消防事务,即会馆失火时,督率水龙来救灭之;
(3) 管厨,大典祭祀及宴会时,备办祭物食物等件;
(4) 值殿,管理神殿的祭祀供物及清洁诸事;
(5) 看门或把门。

五、会馆的经费

会馆的收入有种种的不同,大别之可分为捐款及赋课金二种,后者的强制性质多于前者。

1. 捐款共有下列四种

(1) 乐捐(喜助,乐输)。同乡者基于对乡土的爱护,创设会馆时,每乐捐款项若干。又有因宗教上的热情,把神灯、神鼎捐给会馆。或从慈善的观念,捐赠米谷衣物,以作善举之用。

(2) 一文捐。因每日出钱一文,故名。除妇女小儿外,都要缴纳此义务,故收入额亦不少。不过每人各自纳给会馆,未免过于琐碎麻烦,所以多先由各帮或会汇收,俟年终才一起交付给会馆。

(3) 月捐。这只限于同乡商店的伙计。上海的四明公所、徽宁公所、广肇会馆,都有此捐。大伙计每月出一二千金,小伙计每月出二三百文。

(4) 入堂捐。运棺柩于殡舍所纳的捐款,不过金额不多,只占会馆收入的一小部分。

2. 赋课金亦可分为四种

(1) 货物税。税率因各帮或会馆而不同,现分别述之:

① 天津闽粤会馆重整旧规。"盖闻立事者既有其始,继事者贵有其终。然则志之不忘,乃能行之于久。天津建设闽粤会馆,凡闽粤商船货物运于天津,所纳海关之税,征收原品七分六厘。故闽粤商人,以纳税半价,纳于会馆,即按海关银两计算,充春秋二祭之用,历有年所云云。"

② 汉口官煤船帮公议。"凡由船局运石炭者,通帮公议,无论各船运载,每担出钱一文,以为公所演戏敬神及役员月给公举慈善之费用。船舶埠头,到局报知后次后,须于本公所报名,应其担数,征收多寡。若隐匿不报者,加倍处罚。"

③ 茶业公所规条。"公所各费用,依汉口卖出茶箱之大小,征收捐金。如二五箱,议定征收一分,以资公用;若光绪二十六年改正二五箱,每箱仅征四厘。"

④ 上海绍兴会馆公议。"凡我同业者,卖大箱之茶课四分,小箱课一分五厘。按期纳付,不得有误。"

⑤ 徽宁会馆规条。"红茶每箱征二十文;绿茶每箱征十二文;关东茶自戊辰年起,每箱征钱十二文。本堂收取茶厘,有徽宁思恭堂之图章,以为记号。凡领收捐款,若无此图章者,与堂无涉。"

(2) 船税。分出入口船只为大小等级,使之纳若干捐款。如天津闽粤会馆规定:

……两帮(闽粤)商议:江右(江西)之货物,非闽广之货物,若雇闽粤商船来于天津,自应酌量捐贴香资。其酌捐香资之法,以船之大小,为定捐资之轻重。凡船有捐一千四百担以上者,为大船,应捐银三十两;装一千四百担以下者,为小船,应捐银二十两。须于出港时交纳。

以上捐章，无论货物之多寡，按船收银。即配搭闽广客货，并江西商人所用之船舶，不得借口滋事。倘不遵议，罚戏一台，酒十席。若当地各店私搭货物，亦照规受罚。凡我同人，宜各遵守，永远勿替。

(3) 房租。

(4) 其他。如地租、天蓬租、台凳租。

六、会馆的事业

关于会馆的事业，在上海北市钱业会馆碑中有概括的叙述，现把碑文录下，以见一斑：

上海当华裔南北要会，廛市骈阗，货别隧分；侨商客估，四至而集；废著鬻财者，率趋重于是。就时赴机，归于富厚，羡靡所贮，欤靡所弥，均之失也。备豫不虞，而钱肆之效乃著。钱肆者，与诸商为钱通合会，钱币称贷而征其息，其制比于唐之飞钱，其例盖始于汉人所谓子钱家者。导源清初，至光绪间而其流益大。委输挹注，实秉一切货殖之枢。扬雄氏有言，"一哄之市，必立之平"；钱业之所以立市平者，要非苟而已也。先是乾隆间，钱商就上海城隍庙内园立钱市总公所。互市以还，业稍稍北渐，初与南对峙，继轶南而上之。栉比鳞次，无虑数十百家。发征期会，不能无所取准，于是复造北市会馆统焉。楹桷焕赫，首妥神灵，昭其敬也。西为厅事，群萃州处，整齐利导之议出焉，致其慎也。其后先董祠，祀耆旧巨子之有成劳于斯业者，以报功也。后养疴院，徒旅疾疢，猝无所归，医于斯，药于斯，以惠众也。他若职司所居，庖湢所在，簿籍器物之所庋阁，房宜寮庀，毕合毕完。馆之外营构列屋，用给赁户，岁赋其赁所入，凡同业之倦休者，与其孤嫠之穷无告者，得沾被焉。缭垣为巷，署曰怀安，资出有经，而缓亟借以不匮，何其蓄念之绵邈顾至钦！自商政失修，市师贾师之职，旷绝无闻，阛阓之地，散无友纪；而钱业诸君子，独恳恳务尚同，群谋众力，以集斯举。大而征贵征贱展成奠贾之则，小而相通相助讲信修睦之

第六章 会　馆

为,胥赖是以要其成。既均既安,百涣咸附。迄于今日,修葺有常,启闭有时,张皇周浃,亘三十余年而轮奂之美犹昔,高明悠久,有基弗拨。然则斯业之日新而光大,其气象可睹也。秦君祖泽,属余为记,遂揭其概于石。馆占地十六亩强,经始光绪十五年己丑,迄功十七年辛卯;自券地至落成,都费银十二万版有奇。创事者余姚陈淦,董役者上虞屠成杰,余姚王尧阶、谢纶辉,慈溪罗秉衡、袁鎏,鄞县李汉绶,例得附书。越三十有四年乙丑慈溪冯幵记。

我们很有趣味地发现会馆的事业与中古的行会有不同的地方:后者对于本行工商业的统制只是消极的,行会的规条上几全都有"不准""不得"等字;会馆则较积极,尽量地保护会员的利益而使之发展,甚至要与外来的帝国主义者冲突亦所不惜。究其原因,大约由于中古的行会目的只在免除本行会员相互间的自由竞争,故有种种严厉地禁止,而会馆目的则较扩大,在乎团结同乡的工商业者成一坚固的壁垒以与外(外地工商业者及外国)抗,来保护本团体的利益。会馆的会员愈受保护而发展,则他们所组织的会馆愈繁荣,故在作用上,会馆对于会员消极的禁止较少,积极的保护较多。现请分述会馆的事业如下,以作例证:

(1) 社交方面

在祭日、年初或其他吉庆日,会员在会馆内演戏设宴,以敦乡谊。又会馆内设有客室,以便新来同乡者的寄宿。

(2) 善举方面

① 在会馆之一部或附近设殡舍(亦即丙舍)以安置灵柩;或预备葬具,俾会员于必要时得以使用。

② 设置墓地以葬同乡之死者。我国人有爱葬祖先墓地的习惯,异乡客死时每每把遗骸送回乡土安葬;不过资力不足,或父祖以来便侨住异乡的人,也常常埋葬在这种会馆设立的共同坟地。

③ 做种种慈善事业。如遇天灾地变或其他意外不测时,便救助会员之贫困者或疾病者。此外,对于支给回乡旅费、养育孤儿、设立义塾及施衣赠药等,均有相当的尽力,简直是一个慈善机构。

(3) 宗教方面

会馆内设有神殿，其所祭祀的对象可分为二：

① 出生于乡里，在乡里曾有灵验，或曾与同乡者以特别恩惠的神。例如江西人崇拜的许真人，广东人信奉的关帝，福建人礼祀的天后及该省内漳州府人尊敬的开漳圣王，都属于这一类。

② 供养有功于会馆之设立维持的董事或会员的牌位，及祭祀同乡的先辈，如江西人之于文天祥、谢枋得。董事于每月的初一、十五都亲到神殿来拈香三拜；在该神的诞日及春秋二祭，则更举行隆重的祭祀典礼。

(4) 经济方面

① 金钱的借贷。会馆收入的经费，或存储于钱庄，或借贷给会员，均由董事负责管理。如上海广肇会馆的剩余款项，会员只要有相当的保证，便可借用，定利每月六厘，按期纳付，返还之时以五年为限。

② 纳税手续的简单化。如天津的闽粤会馆，其会员由广东、福建载货入口时，须先估定搭载货物时价，才征收税金；但货物的品质不同，而价格亦时有变动，以致数十日还没有估定，从而船主商人因白河结冰，失却出港之期，便大受损害。故该会馆派代表与当地官厅交涉，请求规定一个代替估价的办法，即以最近三年中货物的平均价格估之。官厅批示如下：

> 钦命清河道署理直隶分巡天津、河间等处地方兵备道……彭落出示晓谕事：案据闽、粤众商邱正吉等具禀，历来洋船载货到津，顷候定准时估价值后，始输纳税银，出口回洋；近年各处买客，因买卖消索，来津买货重迟，又兼货色高低不齐，时价未能即时议定，以洋船在津眈延，至秋末冬初得出口，不及赴潮乘风，船伤人溺，殊堪怜悯；请将各货查照前三年在关报定时价，酌中比较定议，俾得一面起货纳税，一面放船出口，免致守候迟延等情。……本道除按照该商等禀送前三年报定时价，酌中比较定议，开单谕饬闽、粤众商邱正吉等遵照纳税外，合行出示晓谕，为此示仰。闽、粤洋商人等一体知悉；自示之后，该商等洋船到津，将所载各货物，按照议定价银，随时起货纳税，次便即放船出口，免致守候误时，冒险回洋。此系各上宪体恤远商之

第六章 会　馆

意,该商等务须按照现定章,永远奉行,各宜禀遵毋违,特示。

嘉庆二十二年八月初二日

(5) 法律方面

① 仲裁会员间的纷议。会员相互间在工商业上发生纠纷时,须由会馆董事仲裁;事情重大者,更召集全体会员来共同评判是非曲直,以处理之。这种决议有很大的强制力。会员若不把纷争案件交与会馆办理,而一开始就直接诉之于法庭,那会馆便要处罚他。又,会员与外界发生争执时,必先诉之于会馆,由会馆为之出头处理,以免孤单软弱地被人欺负。

② 商业习惯的制定。由会员共同制定,共同遵守,内容为:通用货币行市、包装、度量衡、折让、买卖价格、用人雇用法、货税物、罚款、货物毁损赔偿费等。

现在让我们追述从前上海四明公所与法帝国主义者抗争的事实,以表示会馆力量的伟大。英国根据1842年及后三年的条约,在上海设立英租界,法国亦仿效之而创建法租界。四明公所因为所在地的关系,1849年被编入法租界。法国经营她的租界时,对于这个在管辖内占地广而不纳税,仿若有治外法权似的公所深致不满。尤其附属于公所的丙舍及义塚,从卫生的立场上说,更是讲不通;故于同治十三年(1874)拟横贯该公所来建筑马路,以废除丙舍及义塚。宁波人愤甚,遂起暴动,毁坏法、意、挪威三国侨民的住宅,可是为法兵攻击,死了7名。事件由是尖锐化,公所的董事方继善、严信厚与法领事往返磋商,迄无结果,遂视作外交问题,移往北京解决。光绪四年(1878),法公使与总理衙门间开始谈判,于是由中国方面赔偿暴动损失费白银37 000两,由法国方面给予7名死者抚恤费白银7 000两,并规定此后不准建筑有碍公所的道路、沟渠及住宅。可是法国方面总不满意租界内有墓地的存在,遂于光绪二十四年(1898)五月二十八日发兵毁之。宁波人大怒,商店全关门,在汽船上的水夫全上陆,被雇于外人者实行总罢工,甚至到处都暴动起来。南京总督刘坤一急派布政使聂缉槻与法政府作强硬的谈判,同时上海的各外国人又皆左袒宁波人,故法政府不得以在公所不放棺材的条件下容纳宁波人的主张。

第七章　近代的手工业行会

手工业行会普通叫做手工帮,与苦力帮及商业行会都各有不同。手工帮以提供技术为主,苦力帮以提供劳动为主,这是显而易见的。复次,手工帮的会员偏重商品的生产,资本较少;商业行会的会员则偏重商品的分配,资本较大。不过这只是大概言之而已。往往有好些行会是二者兼而有之,即一面制造,一面买卖的。故有时若要严格的把工商业行会分开,也不见得有多大的道理,故日人根岸佶在《中国行会的研究》一书中是把工商商业行会放在一块儿叙述的。不过事实上是有纯粹的手工业行会的存在,故又不得不分开来说。

在手工帮的行规中,可看出它的作用或使命。现为便利计,分别述之如下:

(1) 原料与价格的统制

这是行会所以取信于消费者的地方。如染物行之于蓝,绒毯行之于羊毛,绢织行之于生丝,都是规定要用优良材料的。商品的公正价格之规定,更为明显,这可求证于马哥文(Macgowan)及摩尔斯(Morse)的著作中。

(2) 劳动条件

① 工资。因各行事业之不同,工资遂有多少及支付办法的差异。普通规定每天工资若干,但裁缝匠行规说:"在店中做工者,论件数,不论工数。"又,在同行中,因为各人技术有巧有拙,从而制品亦分出优劣来,故工资不能没有等级:"我业精工妙手每天工银三百文为限,次者二百余文,一百余文,择其好歹而定工价。"(上海金银玉工整规)

② 工作时间。"日出而作,日入而息",这是最普通的情形,并没有八小时工作的规定。因为季节的关系,某行的制品到了求过于供的时候,便

第七章　近代的手工业行会

加开夜工,但这是要另外支付特定的工资的:"夜工与日工不同,夜饭后至三更为一工,其工钱与日工一式,不得增减。"(上海裁缝工同规)

(3) 宗教信仰

每行都崇奉一个祖师。严格地说,这个祖师或者与这一业没有关系,但是该业人员总要附会穿凿,找出一个英雄或历史伟人做他们职业上想象的创造者。譬如杭州漆工奉葛仙为祖师,葛仙即葛洪,字稚川,晋元帝时人,相传葛稚川长于炼丹,著《抱朴子》,但是他如何有功于漆业失考。杭州漆匠向来奉葛仙于马市街佛惠寺内,洪杨乱后,该寺被卖,漆业工所乃迁至三桥河下三昧庵,每年七月葛仙诞日,全城漆匠聚此商议该业要事。其他各业多奉祖师,如木匠崇拜鲁班、乐工崇拜孔明、鞋匠崇拜鬼谷子、笔匠崇拜蒙恬、纸业崇拜蔡伦、墨工崇拜吕祖、瓦工崇拜女娲、药工崇拜药王菩萨、裁缝匠崇拜黄帝、织物工崇拜机神等。此外普通多拜关帝和财神,关帝是公允的象征,财神是运气亨通的象征,二者都是各业所极希望的。凡会员入会及学徒出师时,必须捐款若干以备祭神之用。每行都有它的公所,其公所或设立在庙寺内;若太穷而没有公所,则找一个公共的庙宇去祭祀,如上海的城隍庙,北京的娘娘庙、精忠庙,每年都有好些行会的会员前来祭祀他们的祖师[①]。此外,北京的行会于每年阴历四月中,多不辞劳苦地跑到远在北京城西北八十里的妙峰山去进香及呈献本行的物品给所崇拜的神,好像宋代汴京各行那样。顾颉刚先生编著的《妙峰山》(广州,1928)载有往该山进香的各种香会,其中有云:

丁、缝绽(缝绽是鞋匠对于香客们尽的义务。凡是走山路把鞋子损伤了的,都可交他们修好。)

(一) 公议志善沿路缝绽圣会……

(二) 万寿善缘缝绽会:

会启云,"皇城内外新旧靴鞋行旗民人等诚起。……四月初一日起程,宿北安河。初二日安坛设驾,诚献缝绽十四昼夜。……"

(三) 缝绽老会……

[①] Burgess: *The Guilds of Peking*, p.107-108,147,150-151,163-164,177-178.

戊、成补铜锡器

（一）同心万代巧炉圣会：

会启云，"四月初四日起程，上北道。回香中道。两道来往五日。助善在中道沿路茶棚成补铜锡瓷器"。

（二）心缘同善巧炉圣会……

（三）公议呈献巧炉圣会……

（四）公议乐善巧炉圣会：

会启题"正阳、崇文、宣武门外本行"。日程较上二会各迟三天。

己、呈献庙中途中用具

（一）公议心愿呈献围棹①：

（二）公议心愿呈献茶瓢。

（三）拜垫圣会：

我们在西北涧茶棚中，见神前围棹上写有"拜垫圣会呈献"字样，可见这会不但献拜垫，并献围棹。

（四）公议重整拜席老会……

（五）议心善缘撑尘圣会。

（六）一心秉善毛撑清茶圣会。

（七）永佑平安绳络老会……

（八）一统同善杠子圣会……

（九）裱糊神堂佛殿窗户：

会启上写"裱作合行公议心愿"。

庚、呈献神用物品及供具

（一）献袍会。

（二）献供斗香膏药圣会……

（三）长寿白纸圣会：

会启云，"到回香亭呈献文房四宝，更换幽冥档册"。

（四）长寿白纸神账圣会。

---

① 编者按：围棹是棹前的围布。

第七章　近代的手工业行会

（五）同议希贤惜字老会……

（六）同心助善檀香老会。

（七）同心秉善檀香素烛圣会。

（八）同心志善诚献茶烛圣会。

（九）同议善缘诚献净饰香道圣会。

（十）金善普缘如意子孙面鲜圣会。

（十一）乐善同心献花圣会。

（十二）恭献鲜花老会。

（十三）万善长青献鲜老会。

（十四）重整攒香金花圣会。

（十五）善缘吉庆诚献果供。

（十六）善缘吉庆果供圣会。

……

我们看了以上的叙述，试闭目一想，在三月中，他们如何的在山前山后打平浮沙，扫除活石；一到四月初，就如何的在各条路上架起路灯，在各个站口开起茶棚；他们开了茶棚之后，如何的鞋匠来了，铜锡匠来了，施送拜垫围棹的人来了，施送茶盐的人来了。那时香客们如何的便利，一路上随处有人招待，如熟识的朋友一般。开茶棚的人也如何的便利，茶叶是有人送来的，供品设备是有人送来的，打破了的碗盏也自有人来补修的。大家虔诚，大家分工互助，大家做朋友！……（《妙峰山》61—73页）

我们只要把《梦粱录》及《东京梦华录》等记载汴京各行之宗教活动的文字（参看第四章）和这里所引的比对一下，便可明白这些呈献东西的人及做义务工的鞋匠、铜锡匠等，大多数不是个人的活动，而是各行会的代表或会员。《妙峰山》253页：

进香的有团体，有个人，而这个《专号》给我一个印象，好像进香者以团体居多。团体有职业的、艺术的，或另具目的的。

所谓"职业团体"，自然指的是行会了。为什么各行会都来这么远的一个山上来进香呢？原来各行的祖师——如技巧工人所崇拜的鲁班及一般行会所祭奉的关帝及财神的神位或神殿都在这里：

> 除"天仙圣母懿前"之外，尚有"玉皇上帝御前""东岳大帝御前""关圣大帝驾前"……关帝殿在涧沟松棚行宫。……又有二配的：(1)科神殿，(2)鲁班、仓神、火神、库神、财神殿。(《妙峰山》172—173页)

差不多各行祖师的神位或神殿都应有尽有，各行会会员自然要来拜祭，以酬报他们创始本行职业的功劳了。不过因为妙峰山山顶庙祀的神是"天仙圣母碧霞元君"，故于每年阴历四月中，从初一到十五(这恐是她的诞辰)，趁着进香者踊跃时来祭祀，而不等到本行祖师的诞辰才来，以免中途遇到危险不测。总之，我们可以说：各行会会员之所以来妙峰山呈献本行物品，或就本行之所能来各尽义务(如鞋匠之补各香客的鞋)，其共同的目标固在祭祀"天仙圣母碧霞元君"，其特殊的、主要的目标却在祀奉他们的祖师。

(4) 徒弟制度

行会为独占利益，免除竞争计，遂设立行会制度，利用完全保存技术的手段来防止同业者的增加。徒弟大概是穷家子弟，年龄在7岁和17岁之间，他们要想学一种职业以资糊口，所以他们的家长，托了保人将他们荐到某种职业里去，保人须出具保单，单上大概须有铺保和保人具名。某业公所收到保单后，即发给志愿书，以便该行的店铺可以收用。徒弟的学习期间，按各行的习惯而定。清代以三年为最普通。泥作同规，"学徒三年为满"。竹工行规，"收留徒弟，以三年为满"。但金银玉工整规，"收留徒弟，以三年为满；如遇年轻者，四年为满"。天平师友公议，"学徒弟者，以四年为满"。甚至有延长到五年或七年的。入民国后，也差不多一样。据伯尔札斯(Burgess)的调查，在北京16个手工业行会中，三年满师的3个，三年三月的10个，四年六年七年的各1个。[①] 徒弟期内的衣食住及医药等费，概由师傅(即老板)负责，闲时并教以技术，但在此期内徒弟要失

---

① Burgess: *The Guilds of Peking*, p.160.

第七章　近代的手工业行会

去局部的自由,他如果赚了工资,也不能自己拿回去,应该归师傅所有。徒弟满师之后,称为伙计,或称半作,那时候他可以赚钱,所赚的钱可以收为己有。方出师的时候,他大致帮师傅的忙,虽然师傅也给他工资,但因为师傅徒弟的感情,他总不能计较;往后他就可以独立营业,等到那时候,他也变为师傅,可以收徒弟了。

以上是手工业行会规约的一般情形,违反者则罚捐款,或演戏谢罪。兹列举各行行规如下:

(1) 石木工类

① 武汉天平同业行规

盖闻我等同业,公议章程,历年已久。迨后五方杂处,各行师友,俱有成规。即我等天平一艺,于乾隆五十九年,业订规则。迄今数十余载,莫不遵守旧规。近以兵燹之后,众心不一,诚恐无知之徒,藉隙改变,我等特约同人,复行公议,使各遵守勿违,是为序。

一议　学徒弟者以四年为限,若能开立铺面,听其自便。

一议　收徒弟者,三年以后再招。

一议　铺内作坊,只准一名,不许多招。

一议　徒弟新进铺内,捐钱两千文。

一议　如有不遵者,同业公议处罚。

一议　不准外行帮做。

一议　长用师友,不准另做外工。

一议　短工师友,可做外工。

一议　师友自四月初一日起,停止夜工。

一议　师友自九月初一日起,加做夜工。

一议　如有不遵行规,查出罚钱两千。

一议　如有不报者,查出罚钱一千。

以上章程,系同业公议;有不遵者,公同处罚,不得徇情,以私废公。

② 泥作行规

一议　东家生意,彼此不得争端;如本东家不愿做者,须让他人接手。

一议　学徒弟者以三年为满,满后每天给工钱二百八十文。

一议　包造房屋,先付定洋一半,方准接做。

一议　行友每天给工钱二百八十文,外给酒钱二十。

一议　泥墙须包三年,如三年内倒踏(塌)者,归泥匠赔修。

一议　小工(即徒弟)每日给钱八十文。

一议　新造房屋,须归泥作揽做,各宜照行。

光绪　年　月　日

③ 木匠行规

一议　本业作头,已认定主顾者,不得滥做。

一议　作头去世,东家不能自为更换,须该作头卖与某作头,归某作头接办。

一议　包造房屋,先写承揽,注定价目。

一议　行友每天给工钱三百文,另加酒钱二十。

一议　收留徒弟,每日给工钱八十文;俟三年学成后,再定工价。

一议　本业于十二月念日,敬祀张、鲁二先师,各司出钱二百文。

一议　公用之尺,名曰鲁班尺;同业宜用此式,以为一律。

光绪　年　月　日　同业公具

④ 竹工行规

一议　竹器司务,以绍兴为最,如到杭省来做者,须出行规钱四千文。

一议　收留徒弟,以三年为满,满后再议工价。

一议　行友每天给工钱一百四十文,另加酒钱二十。

一议　行友出门做者,每天给工钱二百四十文,外加酒钱二十。

一议　包做物件,价目临时面议,同行不得乱规。

光绪　年　月　日　竹器业同具

⑤ 石作工整规

一议　伙友每给工钱四百文,外加酒钱二十,同行宜归一律。

一议　修造大桥及花式石牌楼,工钱加倍;如雕凿碑石工钱须加

第七章　近代的手工业行会

一半。

一议　收留徒弟,每天给工钱七十文,学满后再定工价。

一议　公议用尺,以鲁班尺为准,每尺减五分,宜归一律。

一议　雕凿人物狮兽,工价必须另议。

一议　每年十二月二十日为祖师诞日,各司须出钱二百文。

光绪　年　月　日　石作公具

(2) 金属工类

① 金银玉工整规

一议　收留徒弟,以三年为满;如年轻者,四年为满,方可开支工钱。

一议　行友每天给工钱三百文,次者一二百不等。

一议　收留他方工人,必须妥人担保,以备不虞。

一议　凡做一日,当给一日工钱;不做之日,不得在店羁留。

一议　九月二十八日在华先殿集会,每人须出份子钱五百文。

一议　同业有偷漏不端之人,查出公同处罚。

光绪　年　月　日　同业公具

② 铜业菜花行规

一议　每年于九月初九日公同订定规约,均宜到会。

一议　外来客人有愿入行,须出钱四千二百文。

一议　各号所用伙友,必须先向行说明。

一议　私用客司,查出者议罚辛(薪?)工一月,其费归入同行公所。

一议　伙友进店,以五天结算工钱一次;不用之时,照价如数付清。

一议　行友账目不清时,别店不准收用;如私用者,查出议罚,其费归入公同设立公所。

一议　客司旧规,每月申二工计算,每工加钱念文。

一议　各店夜工,毋许揽迟,若不遵者即照乱规而论。

一议　各伙友每年须捐一天辛(薪?)工于同行公所。

一议　收留徒弟以二年一个,若隐秘不报者,查出议罚银十两,归入同行公所。

一议　徒弟满师,必须通知同行起捐,当出钱七百文。

一议　常年客司,逢节进出,不得随时更动。

一议　客司余支,一月上下亦可。

同行公议

③ 锡器整规

一议　新开字号,须邀请同行赴会。

一议　锡器进货,有笔管点铜之别。

一议　笔管价钱,每斤自二百余文至三百余文止。

一议　点铜价钱,自六百余文至七百余文止。

一议　同业公议,笔管不能加入点铜之内,欺瞒买主。

一议　各样响器,定价划一;售出之后,概不退换。

一议　公秤以十六两为一斤。

一议　柜上收买旧锡,准以货易货,不准以货易洋。

一议　旧货笔管点铜,均照新货八折合算;如买主定货,先交半价为定。

一议　行友每年给薪水三四十千至五六十千。

一议　收留徒弟,以三年为满;满后酒席谢师,以酬教诲之劳。

一议　各货定价,系划一无让,洋价照市,龙角洋,均须贴水。

光绪　年　月　日　铜业公具

(3) 衣服工类

① 帽业行规

一议　各店划定价码,有五折、六折、七折,恐难一律。

一议　行友工价照日计算,惟柜上伙友,每月另定薪水。

一议　行友工钱,照市价每元申钱二十文。

一议　定做夹棉呢大帽,加酒钱四十文;定做皮帽,加酒钱八十文。

一议　定做礼帽,必须交洋为定。

一议　女帽时式新样,随时更变,同行能出新样者必彼此通知。
一议　大红缨子,不得用西洋颜色伪充,以欺买主。
一议　凡买主已买之货,有不合者,准其退换。

　　　　　　　　　　　　光绪　年　月　日　帽业同具

② 裁缝工同规

一议　行友工价向有定例,在店中做者以件数计算,不以工数计算。
一议　行友上门做者,每日给工钱一百六十文。
一议　行友上门做者,针线另给。
一议　定做寿衣,工钱控算加倍,不得争执。
一议　各行于九月初一起,每天加工钱四十文。
一议　夜工与日工不同,夜饭后至三更为一工,工价与日工相等,不得增减。

　　　　　　　　　　　　光绪　年　月　日　成衣业公具

③ 机房及机工章程

一议　凡荐店友管料机者,必须叙明来历,不得存私滥保,致坏同行声名。
一议　料户有假卖料机货匹脱逃者,唯保人是问,并责令该料户,通知公众,以后不得带料。
一议　料户如因年老力疲,不能支持者,先向庄家言明,亦得任其辞退。
一议　留徒操业,均有旧例,不准半途而废,工满后方得出外就事。
一议　庄家如有歇业者,该徒只准原师推荐,方可收用。
一议　伙友不得预支薪工,违者不用。
一议　凡为司务者,对于徒弟,须专心教养,以期学成。
一议　凡留伙友,必须道明前东来历,若账头不清,不得留用。
一议　伙友因亏欠逃避者,日后能将此款算清,方许复业。
一议　凡织机工工资,仍照旧章。

一议　伙友如有偷窃东家机工货匹丝等,一经查出,须将该姓名表白同行,不得复用。

以上所议,均无偏见。凡我同行,各宜遵守行规。如不遵者,查出公同处罚。

光绪　年　月　日　机业同行公具

④ 染业同行公议

盖闻行必有规,规定则人堪恪守。窃我染坊一业,原有一定之规。近年以来,世事更迁,人心不古,是以邀集同行,重整行规,所有公议章程,开列于后。

一议　新开业者,须设筵演戏,请同行聚会。

一议　我业派值年同事四家,逐次轮流,不得推诿。

一议　每年九月中,须至祖庙,设筵演戏。

一议　同业收留徒弟,只须一人,不准多招。

一议　徒弟进坊后,经过一年,方算半做工,酒钱均给一半。

一议　半作工经过一年半,方算原作工,酒钱与伙友同。

一议　同业价目,以正月公议定规,议定后不得私自增减。

一议　我业染钱皆以三节算清,不得拖缺,违者议罚。

光绪　年　月　日　染业公具

(4) 其他

① 弹棉业行规

窃思弹棉一业,贸易虽微,迄今同业日盛,参差不一,是以同众公议,重整规条,议定时价,不得昂抬。今将议规开列于左。

一议　同业逐月轮流,以报时价。

一议　同业各店,逐月取费,以备常年敬神之用。

一议　成衣袜店,往来用货,概由自取,不得送出,以新换旧。

一议　被褥絮弹工,五斤内者,工钱二百二十文;五斤外者,每斤加工钱四十五文。

一议　布袄絮一斤内者,每件工钱七十文;一斤外者,每斤加四十五文。

一议　裤絮一斤内者,工钱六十文;一斤外者,每斤加钱四十五文。

② 裱业行规

一议　裱货来取,定以三年为度;若至三年不取者,将货变销作本,毋得异言。

一议　现在各式绢绫,均用洋色染就,倘日久变色,买主不得争执。

一议　凡伙友上门装裱书画等件,每天给工钱四百八十文;裱糊房屋,给工钱四百二十文。

一议　绢裱、绫裱、纸裱,及大堂、中堂、小堂各幅,横披、对联各式,价目均并划一,不得私自增减。

一议　凡裱书画系破烂绢纸等,临时议价。

一议　凡大小裱件,欲加长加宽者,价须另议。

光绪　年　月　日　同业公具

③ 漆业行规

一议　各店东生意不得贬价滥承,如违者公共议罚。

一议　各伙友在店东处做工,而于东家处不得私承生意,如违者处以五成罚金。

一议　各伙友在店东处做工,设未完工者,不得另换他处,待工完时方可,然亦须早日向店主言明;如违者,将先做之工每工扣洋三分。

一议　学徒满师,须在本处做长一年,给予相当工资。满一年后,由业师另荐,或任其自愿。如于期内有人诱带,或私自出做,均向所做处及所带人议罚。

一议　以上所得罚金,均归祖师殿费用。

一议　本行规自公布日施行。

第八章　近代的商业行会

一、商业行会的组织

(一) 商业行会的范围

商业行会是居住在同一都市的同业商人所组织的团体,故理论上在同一都市中似乎每业只应有一个同业商人的行会。但实际上不是这样简单,每业往往有数个同业商人的行会在同一都市中同时存在:

(1) 从地方的位置上言,大都市中因各部分相距离太远,往往各自设立,如上海因有南市、北市之分,某商业行会亦多随之分而为二;

(2) 同业商人因出身乡土的不同,往往以同乡者为标准来组织成"帮",如前第六章所说;

(3) 资本特别大的同业商人与资本小者合组行会,结果只是如宋代的茶行那样,大商人压迫小商人,失却平等的真义;故同业商人常依资本的大小来各自组织行会。如北京、广东的当铺,一流(资本较大)的称"当",二流(资本较小)的称"押";上海的钱庄,因资本及信用的不同,分为汇划、挑打、零兑三种,均各自组成行会。因此上海的棉花买卖分成南市花业公所、北市花业公所、通州、崇明、海门三县花业公会、宁波绍兴花业公会、太仓棉业公会及棉花经纪人组合等团体,汉口的茶叶贸易有湖北、湖南、江西、福建、江南、广东6帮的分立。不过在同一都市中,同业商人分成这许多团体来各自为政,事实上未免有种种不便,故前者联合组织成中国棉业联合会,后者则有汉口茶叶公所,以补救之。

反之,在同一都市中,有共同利害关系的异职业者也合组一行会。如上海经营砂糖棉花业的商人,在乾隆末年共同设立一公所;输出茶、绢的商人,在咸丰年间亦共组一行会。

(二) 会员与职员

商业行会强制会员入会,而会员鉴于不入会之孤立无助,亦自然而然地要参加。会员以每一商号为单位,并非个人,个人只是某商号的代表,以便有事时易于接洽。

会员公举职员若干人,以处理一切事务。董事以外,有值年(司事)、文牍、司库、庶务等。就中值年管理公所一切事宜,文牍掌书札,司库掌经济,庶务掌杂务。这些职员大概在公所开年会时公举,每年改选。有几业并且通行每月轮流制。如往时上海茶业公所,因洪杨乱后,茶业逐渐通洋,乃组新会以利国际贸易,每年共举司事12人,内中每人管理1月,每月轮班。又如宁波钱业公所,旧例每月举司库1人,司事12人,司事也每月轮流。这样看来,商业行会似乎是崇尚民主共和的;但骨子里并不是这么一回事,我们只要看看行会的董事之被三数资本较雄厚的商号把持包办着的情形,便可知道。如上海棉业公所规约中明记着:只有陈大隆、沈恒泰、荣广大、黄庆泰4家才有被选为董事的资格,其他同业者则限于充当副董事。上海酱业公所条议中亦规定:"本堂拟公举董事一人,未举之前仍归万顺、振新、万康、万新四家经理,以专责成。"

(三) 会议

商业公会的会议,大体分为董事会、常会、临时会、大会4种,现分述之:

(1) 董事会。董事轮值来处理日常事务,但若遇着不许当值董事专决的事情发生时,即开董事会。往往除董事外,行会中的长老(年长而尊者)亦被邀出席,共同商讨。这带有强制性质,无故不出席者须罚酒席若干。

(2) 常会。在一定时期会员相聚开会,谓之常会。日期依各行会而异:上海酱油业公所规定每月初五日为会议日,上海钱业公会规定每月两回,即初二及十六为会议日。在董事权力较大的行会中,常会是没有什么重要事情讨论的,只是茶话而已。上海酱油业公所条议:"每月初五日各家到堂茶叙一次,无论有事无事,概弗推却,庶可联络而释嫌疑。"

(3) 临时会。临时发生重要事件,等不及常会及大会之来临便要处理时,董事即召集会员,开临时会商讨之。

(4) 大会。每年开一次或两次,普通多在该业祖师(商业行会多拜关帝及财神,前者取其义气,后者取其赚钱,这都是做生意的人所希望的)的诞辰或祭日。这天全体会员都到公所来祭神听戏,事毕即开大会。大会内容为过去收支情形的报告、行会事务的协议、规则的修改、犯规者处罚的报告、缺席者姓名的披露,最后便是宴会。

商业行会的决议必须经过大多数会员的出席及大多数的赞同,绝不能暧昧从事。上海钱业、金业的行规是明白规定会议时要有 2/3 以上会员的出席,及 2/3 以上出席者的同意,议决案才能成立的。

(四) 经费

商业行会的经费与会馆大致相同。收入可分 4 种,即赋课金、加入金、罚金、捐款。最后一种与会馆的一样,现在从略,单述前三者。

1. 赋课金

(1) 月捐。每月由公所征收,所征数目因各行而异。清末,上海钱业公所规定各店一律缴纳 12 元;上海典业公所规定本店缴纳三十吊文,支店缴纳二十吊文。

(2) 货物税。如上海茶业公所征收输出向红茶大箱银 8 厘,中箱银 4 厘,小箱 2 厘。

(3) 回扣。会员托公所代销货品时,公所酌收回扣,如宁波木材公所旧例,凡木材铺托销货物时抽卖价千分之一作回扣。为征收这些款项起见,行会设有委员去检查会员的账簿;若有虚伪瞒报情事,则严重处罚之。

2. 加入金

商店入会时,即须缴纳。各行征收数目不一,上海钱业公所征收 200 元,汕头汇兑公所征收 300 元。

3. 罚金

会员违背公所章程者受罚,如芜湖钱业公所旧例,每银钱店须纳保证金 100 两,以便遇有违章事件可以照扣。有些商业行会的收入,以罚金占

第八章　近代的商业行会

最大部分,故好些人说他们(某几种行会)存在于罚金的基础上。

商业行会的支出约分3种：

（1）会员遭遇破产或其他不幸时,公所酌支救济费；

（2）每逢年会或纪念日,公所酌支娱乐费,预备演戏酬神及宴会等事；

（3）向政府纳税。

二、商业行会的事业

(一) 订立规约

我国政府对于工商业向取放任主义,工商业里应办事务之须由行会办理者当然很多,所以各业有所谓行规的订立,举凡关于该业重要事件,多由公所颁发规约,由同行各店互相遵守。可是我们要注意：行会不是从始便制定近代这样详密的规约,而是依从旧来的习惯；及经过相当年月,会员增加,旧来习惯发生变化或疑问,于是修改之变作成文法,刻在石碑上以流传久远。其后复加修正增补,尤其清末受外国的影响,规约更为详密。比如康熙十七年(1678)十一月汉口米市公所的公订帮规,简单到手工业帮规那样,比之晚清以来行规的详密,真大有差异。现把它胪列于下：

> 吾人经营汉皋米市同业牙粮,若无团结集议之所,则无以整顿行规,且意见各殊,斛斗参差。夫以谷米为人食重要之需,如斛斗不一,何以昭公溥而永保信用？缘集同业,协筹划一,公订帮规如下：
>
> (1) 凡同业之入帮,先缴入帮费纹银十五两。
>
> (2) 凡同业之买卖谷米,均须遵依部制规定之斛斗。
>
> (3) 凡同业中粮牙商贩代客买卖,所用之斛斗,均须赴公所具领,以昭划一,不得私自设用。
>
> (4) 凡入帮之同业,每年贸易,每千两抽厘八钱,以作公所之常费,收取适照其账簿。
>
> (5) 凡同业入帮后,或有破坏帮规,即开会议罚。
>
> 　　　　　　　　　　　康熙十七年孟冬月　米市公所同人公订

规约的内容不一,大致是关于下列的规定:(1)开业;(2)职员;(3)同业者竞争之禁止;(4)度量衡、货币、商习惯;(5)会费;(6)会议;(7)诉讼;(8)制裁;(9)善举;(10)祭祀。这种规定似太严密,以致妨害了企业的自由和个人意思的独立;可是唯其如此,营业才能在行会的保护下而繁荣起来。故政府的种种法令虽属空文,行会的规约却不折不扣地为会员所遵奉。这里更要注意的:行会规约的效力不限于各会员,且及于会员以外的人物。上海豆米业公所规定:"往来客商,务须投行销售;如私自销售,查出公司议罚。"上海粉面店规:"如有假冒戚友,强赊硬借,由同业者公同送官究办。"

(二) 调停与诉讼

调停纷议不单是商业行会的特色,更是中国一般的习惯,行会的调停纷议是根据此习惯而来的。中国人以王道为最高理想,道德比法律重要,故不爱争讼于法庭;官厅接受诉讼时,若属于民事或商事方面,必先试行调处,及和解绝望才下判决,判决文亦往往用调停的文句。行会本此精神,会员相互间发生争执时,常保持着调停的原则。它的裁决,如马哥文所说,常识且公平。某次一中国人与外人发生争执时,曲在中国人,但他很顽强地不理外人的申辩,该外人乃诉之于他所属的行会;他闻悉大惊,不俟行会的调停便容纳该外人的请求。[①] 当事者对于行会的裁决,有时不一定要遵从,可上诉官厅办理。可是,如果当事者劈头便呈诉官厅,这便是"越诉",行会绝对禁止。越诉后,若官厅断案不公,当事者愿将案子收回,听候行会判断,行会大概置之不理。有些行会甚至认定这种行为违反行规,可以强迫摈斥当事者,使之脱离行会。

本行会员与他行会员发生争执时,由双方的董事出头交涉办理;若诉诸官厅,亦以董事作代表。在诉讼前,当值董事召集会员,报告事件的始末。会员承认后,行会代出诉讼费用的一半。

---

① [日]根岸佶《支那行会的研究》,248页。(编者按:此书出版者斯文书院,1932。)

（三）同盟绝交

行会的规约，同业各店均须遵守。如果某店违反了行会的重要规则，或其他不名誉事，行会议决予犯者以"除名"处分时，全体应与该店绝交，违者受罚，这叫做同盟绝交。据马哥文的记载，若除名后还不足以泄其愤，则加以暴行，往往打杀之。不过一般说来，除名已是行会对犯者制裁的极点；因犯者受除名处分后，失却任何方面的保护，东既无以为生，西亦难以做活，结果诚不堪闻问。

同盟绝交不单是行会制裁会员的手段，而且是用来与外间人员或官厅对抗的有效武器。上海杂谷业公议："成盘之货，设有行家客帮，有意不交，及纠葛一切，显违公论者，本帮会齐与该行号停止交易；捐客经手，连月停止。俟前事了结，再行开交。"外国商人有雄厚的资本及强盛的祖国作后援，但若与中国的行会抗争，而受到后者同盟绝交的加与时，结果往往失败。例如在 1883 年时，汉口的外国籍茶商与华籍茶商起了争执，外商议决不买，华商议决不卖，茶业公所并发出通告，与外商完全断绝经济关系。华商方面的制茶工场、贩卖所、经理人、装卸货工人等，凡与茶业有关系人员联络一起，做大规模的同盟绝交运动，结果外商颇受损失。[①] 中国官厅一向有其专制的威力，但若遇到行会的同盟绝交（此地应作同盟抵制或罢业），也不得不屈服。讨平长发贼及回匪乱后，威望赫赫的左宗棠，做两江总督时，因经费缺乏，新发盐票 15 万道，但因两淮盐商的反对，只发行了 3 万道便告中止。清末湖广总督张之洞，为财政上的便利计，实行鸦片专卖，后因湖北鸦片商人的反对，亦告中止。[②]

（四）事业独占与障碍排除

商业行会欲本行利益增进，必须独占本业，并排除一切障碍。怎样才能独占本业？第一，同业者须加入行会，入会时须缴纳行规所定的一切费

---

① Decennial Reports, first series, 1882 - 1891, p.169, Shanghai, Chinese Maritime Customs.
② ［日］根岸佶《支那行会的研究》，第 252 页。

用,否则不是会员,全体会员不能与之交易。上海油豆饼业议整新规:"倘欲再向号家买卖,须另缴银两存公。如未存公者,是不在同行之列,不得向号买卖。"复次,为避免同业者相互竞争计,买卖价格必须协定。北京各行会协定买卖价格的办法是这样的:"帮口选举的会长确定商品的价格。银行帮的会长每天早晨确定各种货币和银钱的行情,而丝和棉制造商人帮口的总办,则于每天决定一次价格。有的商品——这种商品的价格变动得不很快——不是总办,而是帮员确定价格。所确定的价格算是最高的标准。商人有权利提高价格,但没有权利降低价格。帮口极严酷地惩罚那以低于所确定的价格出卖的人……"①

道光年间的《厦门志》卷五"渔船"条:"厦门渔船,属鱼行保结,朝出暮归,在大担门南北采捕。风发则鱼贯而回。"其所以要鱼行担保,因恐这些渔船"潜赴粤省,私载违禁鸦片土,在洋行劫。"政府不放心渔船入海捕鱼,鱼行却为之作保,以免政府干涉,这是行会排除障碍的一例。此外,行会对于厘金的认捐,亦可略述一二。

咸丰三年(1853)长发贼占领南京,太常寺卿雷以针治军扬州,苦于军费不足,遂在江北仙女镇(运河要地,在扬州附近)创设一种内地税关,对往来商品课以叫"厘捐"的通过税,这是厘局的滥觞。厘捐又名厘金,是照货物原价抽取若干厘以助军饷的意思。其后,胡林翼在湖南,左宗棠在湖北,均仿行此制,由同治至光绪年间且普及于全国。本来,当初是说内乱平定后便撤废的;可是因为乱后经济困难,故反而扩张之,成为永久制,一直到前数年才算裁撤了去。其征收方法有由厘金官署直接向货主征收的,这叫做散收。但若这样,商人很感痛苦。因货物通过时,须候厘局的检查证明,往往稽延甚久,空费时日;而且厘局又设为种种口实,以强求额外的暴敛苛收。故行会董事与厘局总办交涉,概算本行一年输出入的货物,协定税额,每月纳入厘局,由厘局给以货物自由通行的证书;此后会员运货时,只需拿出这张证书,即可自由运送,不致有厘局留难情事。

---

① Gamble: *Peking, A Social Survey*, pp.179 - 180.

（附录）商业行会的行规

1. 上海酱油业公所条议

盖闻财生和气，同德尤贵同心；信可复言，慎终宜先慎始。是在通力合作，必期众志成城。吾业开设上海，生意素推首例。只缘咸同之际，园仅数家，迨至光绪之年，牌增倍蓰，于是各图热闹，莫顾经营，臆见徒存，成本不计。纵使人烟稠密，仅兹十里洋场，要知生理艰难，竟逾双斤重秤。今又奉有宪谕，盐斤既须加价，海防复派缸捐，通年之费项愈多，逐岁之耗亏甚巨，不思整顿，无以振兴，任其废弛，伊于胡底？爰集同人酌议，创立公所条规，上等国课无差，下与商资有裨。庶几生财有道，频闻恒足之声；同业无欺，定获咸亨之象。此启。

（1）本堂拟公举董事一人，未举之前，仍归万顺、振新、万康、万新四家经理，以专责成。

（2）本堂酌用司事一人，事管堂中杂务，兼协同司月，汇收经费，并稽察各园犯规弊窦。又雇用司务一人差遣。如遇集议等事，再由司月园家，随带一二人帮忙，互相关切，不得推诿。

（3）司年司月，先于上冬拈定司年司月轮值，互相管理。现未举有董事，银钱账目，一切暂由万顺、万康、振新三家轮管。各园犯规，公同稽察，以严弊窦。

（4）经费由各园日销酱油项下，每斤提取一文。司月按月收取，汇缴万顺、万康、振新收存，按三个月一期，先后轮值。薪工伙食杂用等费，凭司事向存储之家领收。乡园帮贴，按季交纳，款项存储，酌定按月七厘生息，以积源流。

（5）本堂初创经费，现无预存，房屋暂行租住。日后充足，再行择地起造，以冀兴隆。

（6）本堂创设之成，幸蒙大商顾某俯念时艰，竭力劝集同人设立公所，庶几整顿条规，而商力可舒，筹集经费，而根本可树。他日尚须立案请示，以图久远。

(7) 遇有应议之事，知照堂中，由司事缮发知单，邀集公商，以求周妥。

(8) 每月初五日各家到堂茶叙一次，无论有事无事，概弗推却，庶可联络而释嫌疑。

(9) 同业中有秉教不同者，故堂中权宜，无供献等期。拟以每年分四季，四次设筵公聚，以敦和谊。

(10) 公费除年例运委外，其余一切公事费项，由堂中提拨；俟将来堆积有款，统归堂中经理给发，以归划一。

(11) 堂中敷设家具，检查登簿，外人概不准借用，以免散失。

(12) 本堂系属公处，亲属友人概不得说情留住，以杜流弊。

(13) 乡园生意，各处风俗不同，因地制宜，如南汇拟分立公所，另有规则，准情酌理，互相关切，以聊指臂。

(14) 乡园如遇为难事件，仍须公同酌夺，同业不得坐视不问。

(15) 乡园距沪有远近，生意有离合，适有公共之间，彼此推心，勿存意见，以昭公允。

(16) 各园或有犯规放秤等弊，恐同业中碍于情面，未便认真举发。现请盐捕左营吴福海游戎，派人随时密查，倘有前弊，照章议罚。即于所罚项下，提出二成，以作酬劳。

(17) 各园向乡园折货，必持有受和堂公所给单为凭。第路有远近，故单内填有期限。若无给单，或逾限期，或单少货多，均作私论，请盐捕左营查拿，解赴公所。酱油每挑作五十斤，给洋一元二角，以充赏号。

(18) 各园向公所填领给单，往乡园运货，须先缴堂费每担五十文，以备刷印纸张朱墨之用。公所中须立簿，将某号往某处某园运货数目若干，逐一登记，以备查核。

(19) 本堂初创，略见条则；嗣后各抒所见，随时订增，总期尽善尽美。将来经费有余，并拟酌量推异（广？）善举，以为博济。

光绪　年　月　日　上南川酱业受和堂公所公议

2. 糖帮章程

窃以法之自上立者，曰禁曰防，而自下拟者，曰规曰约，其名异其实同也。然下拟之规约，非慑以上出之禁防，垄断之夫，终必有冒不韪而蹈之者，其何以行久长而昭炯戒？我帮同志诸人，鉴前车之屡覆，冀后效之可图，爰议定章，请官核准，给示刊碑，是盖取诸禁防之严，以助夫规约之行者。从今以后，凡我各栈号，务笃乡谊，同遵勿坏，行见货物畅消，蒸蒸日上，岂不懿欤？仅将规约各条，开具于下。

计开

（1）各行店来栈定货，除货色当面看明外，其有价银包数，以收到成单为定。如无成单即系未成生意；若成单交后，勿论时涨时跌，两无异议。

（2）各行店单定之货，以半月为限；如期满不取，若有走潮湿包短秤各情，本栈不认。

（3）货银统归估宝洋例银，期以三十天交到。从出货限期满日起，算票十八天，现银例扣。若本期无银交兑，下期不许交易。

（4）货秤照旧，无容更议。

（5）凡新开栈号，应照帮众以前交出规银，如数付入会馆，作为公款；再将所有核准定章，由首士发交该栈号查遵办理。

（6）以上各条，除请准给示刊碑立于会馆外，凡本帮栈号诸人，务各遵守。如有瞻徇情面，或希图厚利，暗坏规约，一经查出，罚银五百两，以一半入会馆为岁修费，一半缴官发作善事。或一犯再犯，以及不肯遵章从罚者，由会馆公同惩治。

光绪　年　月　日

糖帮

同吉　南栈　鸿大　西栈

太古　全兴　大德　德兴　同丰

同启

3. 鸡鸭行规

一议　来货以江北客帮为最多。如大帮客人来者,即应待其一宿两餐;如小帮客人,不留不待。

一议　买卖过手之行,如售大钱一千文,扣除行用钱一百文,各行一概遵行。

一议　凡有新开行家,必须至藩宪衙门领秤,方可开设。

一议　各行系代客买卖,概不收账,洋价照市,小洋均须贴水。

一议　订定公秤,进出皆以十六两为一斤,不得私用重秤,以欺买卖。

　　　　　　　　　　　光绪　年　月　日　鸡鸭行具

4. 油业行规

一议　同业油行生意,利息最薄,故售出一概取现,无论亲友,皆不赊账。

一议　同业进出用秤,均以十六两为准,不得轻重更易。

一议　同业洋价照市价,每元申钱十文;龙洋小洋,照市贴水,以归一律。

一议　同业各色之油,如批发原担用洋计价,凡遇关税,归买主自纳。

一议　同业伙友薪水,按月二三千文至三四千文,不得擅自增加,同行宜归一律。

一议　同业各式油价,价目来源,随时增减,不能一定,故售价亦逐日不同。各议售价,须互相关照,以免混乱

　　　　　　　　　　　光绪　年　月　日　油业同启

5. 米行公议

谨启者:吾业仁谷堂,自咸同年间,米用八分,抽提一分积款置房,在大东门内建设之后,旋将行用裁出一分,仍按七分扣用,以昭公允。惟是堂中经费颇巨;自督抚藩臬府县厅衙科房,规例名目繁多,

以及常年祝神斋醮,四季会较海斛,在在需款;近月捐项迭颁出款,更属不赀。向借米单一项,为数稍多;并各行较斛月捐,以资挹注。乃年来沙船渐少,米单日减,堂中既无恒产,又鲜积储,而出款频增,只借月捐,势难支持,若不亟为整顿,何以克垂久远?今特先将月捐旧规重整,再议善后。向以较斛一只至三只者,捐洋一元;四只至六只者,捐洋两元;七只至九只者,捐洋三元。照此递加,以归划一,不得取巧舞弊,或以多较少,或藉季挨较。如有舞弊,查出议罚。凡我同业,各宜恪守成规,庶几源远流长,咸有厚望焉。

光绪　年　月　日　米业司月公启

6. 油豆饼业议整新规

盖经营之道,首重条规;而久远之方,端资整顿。吾等油豆饼一业,向有定章并于上年春间,重加厘整,刊刷规条,通知各处,除一切仍照向定章程外,另议加增。所有大篓油销客帮者,每件加银一钱,小篓减半;本城之油,每担向用二分五厘者,今用五分;元豆每石增用一分;南口饼每担增加用一分;片饼增加用五厘。银期仍照向章,不准脱镪。每行各备罚款,分福禄寿三等;福字缴银二百两,禄字缴银一百两,寿字缴银五十两,存与公所。如有违章,即将存银充公。倘欲再向号家买货,须另缴银两存公。如未存公者,是不在同行之列,不得向号家买货。自议之后,即于本月初四日为始,凡我同行,各宜恪守,无稍违异。愿同人始终如一,利益均沾,不胜祷切盼切之至。

光绪　年　月　日　萃秀堂同人公启

7. 杂谷业公议

窃维商务之兴,首推信实;同行之谊,尤贵联情。第经营伊始,必纲举而目张;贸易事繁,须有条而不紊。吾业懋迁长江,行商申浦,熙来攘往,源源不绝。自近年以来,号数渐增,生意愈广,每思向无公所,素缺规模,致遇纠葛事情,纷纭争执,言无主宰,理鲜公平;故有受他帮之屈,计难数也。此由同业章程未立,归束无从,致有此憾。然而图谋久远,非提捐而设法,安得集腋以成裘？爰集合同人,秉公酌议条规,妥订载列,俾吾济商人,各知遵守,庶几业日兴而利日溥,则大有厚望焉。

一议　司月由同业各号,顺次轮值,管理收支公账,及抄捐事宜,不给酬劳;凡会议等事,归司月传单邀请。

一议　同业进口米、麦、豆、麻、杂粮、菜、豆饼等,按件抽银二厘;如转往他埠之货,减抽一厘。其银按月抄收,永远归公。除因同业公事开销外,集成千两,公议存庄生息,以图日后扩张公所之用。

一议　卖货先请行家客帮看妥,然后议价,定盘后不准借词退出。

一议　卖出之货,须归原装,不得调换。

一议　卖货定盘后,可将提单派司送交,约数收银。愿待出货收银者听便。其银期以成立票日起,一律十五天。

一议　捐客买货,须以客帮成票为凭,不准收受捐客所出成票;经用概由客出成票,均书净盘收银,银期一律办理。

一议　栈租成交之后,归客自理。如有将次到期之货,须先商妥证明成票。

一议　各货杆样须用本帮公样单,盖本号图章;每次只准二磅,过限扣留。他帮样单,不准借用。

一议　本帮置备公磅,分交各栈,以备比较。如有客磅不准,即将公磅过较,以昭公平。

一议　来货寄存各栈,设有作弊情事,一经查出,公禀严办,费由公款拨出。如有人通报栈房偷漏情弊,确有证据,因而查出者,按赃一半充赏花红。

一议　成盘之货,设有行家客帮有意不交,及纠葛一切显违公论者,本帮会齐与该行号停止交易;捐客经手,连月停止。俟前事了结,再行开交。倘曲在同业,公议断定,饬令依从。

一议　自今联帮之后,凡有关涉帮中之事,和衷商办,同心同德,期于妥善。如有不遵以上条规者,查出公同议罪,以事之大小,酌银之多寡,至少罚银二十两,入归公款。

第八章　近代的商业行会

　　　　　　　　　　　　　　　　光绪　年　月　日
　　　　　　　　　　　　　　　　　　楚商
　　　　　　　　　　　　　　美记号　元丰号　永昌元
　　　　　　　　　　　　　　裕成号　成大义　汉记号

8. 豆米业公议条规

　　窃惟豆、米两业,原属一致。豆规既立章程,而米规亦宜整顿,庶得俾米客买豆装回,不致同途异轨。近缘销售米石,市上往来,俱用洋银,同业酌定依豆原价,虽章程粗具,恐日久懈弛,旧章紊乱,殊非商贾信从之道;是以邀集同行,议立规条,以便永远遵守。今将米业行规,开列于下:

　　一议　买卖往来,以洋银为准;若用钱票换豆等情,须两方允洽,不得勉强作抵。

　　一议　行用每石扣用洋七分,内有客捐二厘,仍归行扣除,以充公费。

　　一议　往来客商,务须投行销售;如私自销卖,查出公同议罚。

　　一议　行客定盘后,不准扒盘退票;不遵规条者,查出公同议罚。

　　一议　米客买豆价目,悉照豆单合算。

　　一议　斛子,准用划一海斛;每年二、八月,公同各客,汇较两次。如有参差,查出公同议罚。该行客敬神戏一台,公酒四席。

　　一议　自同治七年起,由各行客酌提议捐,置买大东门内市屋,改建仁谷堂,以为同业议事公所。俟款足后,即公议停捐。

　　一议　米粮每石扣客斛钱四文,以给斛司。船家回舱,由客自给,悉照旧例。

　　以上各条,议出至公。此外未及备载者,悉照旧章不赘。
　　　　　　　　　　　　　　　　光绪　年　月　日　同业公具

9. 粉面店规

　　窃以同业在上洋城乡市镇,开设粉面店生意,年深日久,连年遭

歉,生意淡薄,协力辛苦,实系艰难。自今同业公议之后,买卖交易,须尽公平;如有不遵者,查出议罚。今特议定店规数条如下:

一议　祝神之日,均宜到庙拈香,不得以私废公。

一议　门市生理,随时定价,以店票为凭。

一议　粉面定价,概用现钱往来,不得赊欠。

一议　同业不许谋占,不遵者议罚。

一议　伙友出店,须将账目算清;如有拖欠,同行不得雇用。

一议　同乡无赖匪党,各店不得留歇,以免后患。

一议　如有假冒戚友,强赊硬借,由同业者公同送官究办。

一议　新开店者,当捐会银八两。

一议　各店豆麦粉面进出,不得瞒秘捐厘。

一议　章程定一,无容更改,各宜同心协力,以为遵守。

10. 汉口茶业公所规条

公启者:我等茶业为中外通商大宗,只以近年磅秤参差,亏累无止。已于去年公禀关宪,荷蒙谕饬设立茶业公所,妥议章程,以昭信守。兹将所议章程,具列于后。

计开章程

一议　公推公正一人,心地明白,品性端和,为中西商人所信服者,方可胜任。倘遇有争执秤磅之事,凭其秉公复核。

一议　设置公砝,多仿西商初到广东通用之砝式,各家洋行分送一副,茶业分所亦各存一副。凡遇交茶与洋行,先将公砝较准洋磅,然后秤茶。倘茶箱轻重不均,如连皮不足一磅者,则不算;除皮,虽半磅亦算。扶磅须持平,不得偏倚。查外洋售茶,例照公平磅准之外,每箱明丢一磅,以补买客。昔各洋商在汉,亦拟仿照举行。迨各行商,因见事属新创,未便依从,遂至今日,流弊更甚。兹已力劝众帮通融,妥定规矩,即以每25箱照公砝平正磅妥之后,于对帐时额外每箱明丢一磅,25箱丢半磅,以符外洋之例,兼示怀柔远客之情。此外再不能任意多索分两,并不准在磅上缩少斤数,用昭平允。

第八章　近代的商业行会

一议　各洋行磅秤，设有不公，准邀公正人同往该行复秤。如果属实，务向该行再行公平磅过。若茶商有意苛求，不分真否，邀公正人往复，如无多磅之事，公议该商（罚）银二十两，以充善举，俾为滥报不实者戒。

一议　经前定例，不准售样箱，业已通行有年。但近来有未尽遵行者，似非忠信之道。自今再定章程，必要大帮货出样，即有堆尾，亦不准混入大帮内，致启买客之疑。凡此二事，沾光无多，若贾客借此减价，所失甚大。

一议　公所各费，酌从汉市售出之茶，每大 25 箱抽银一分六厘，每 15 箱抽银一分正。花香每箱抽银四厘五厘，以资济用。无论皖豫两楚来路之货，但从汉售者，不拘华洋，均一律照抽，仿公估抽费例，托洋行帐房及买家代扣。

一议　定议章程，业经刊布中西新报，使通传外洋，俾其由华回去之茶司，共知共晓；即在外洋专托东华商人代办者，无不共悉。

一议　定议章程，乃现在各茶栈及众帮茶商公同酌定者，均皆愿意乐从，自应共为遵守。倘后有添开茶栈及新来茶商，亦当一律照行，勿以未经会议为辞。

一议　定之规程，业经禀蒙江汉关宪立案，如有茶栈不遵成法，故意紊乱规则者，除众帮通传停歇，不与该栈交易外，另行禀请究办。倘茶商明知故犯，阳奉阴违，以及自行对手，与洋行交易，或托茶楼买办代售，不遵公砝规则者，查有确据，同帮人不便禀评，而众帮人定必联禀呈究。惟祈互相砥砺，共保公约为幸。

　　　　　　　　　　　　　　光绪　年　月　日　茶业众帮公启

第九章　近代的苦力帮

一、苦力帮的组织及任务

苦力帮是非技术劳动者的团体,与熟练工人组织的手工帮不同,无师傅与徒弟的关系,除头目外,各劳动者都处于同一的地位。头目代表他们交涉工作及收取工钱,把其中几分之几自取,几分之几则贮藏着做疾病或因他事而不能工作者的生活费、扶助废疾者费、给死者葬仪费,余下的才分给各劳动者。其帮规是不成文的,新入帮者须得帮内人的介绍及保证,加入时送介绍者及帮中有力者若干礼物,并开设小酒宴。加入后便不许在别帮工作。

苦力帮最重要的任务是守着势力范围而做营业上的保护。这是行会独占事业之精神的表现。马札亚尔《中国经济大纲》第三章说:"……这里曾拿徒弟或地域来分割过。人力车夫往往把一个城市分割为几区,他们不可以从一个区域到另一个区域去;运输苦力或装货工人拿港口的位置或搬运的种类来分割;吹打手和乞丐也有自己的帮口,他们相互之间拿街道来分划;水运搬夫相互之间以街道和住屋来划分。"清张焘《津门杂记》卷下"脚行"条:"天津扛抬帮,谓之脚行。向系分门别户,把持街头;每以争夺生意构衅,动则挥拳持械,两不相下,谓之争行市。已经地方官宪为分清界址,厘定章程,不得搀越争执。"这种势力范围的保持,每由于乡土意识的发扬而更加坚固;因为各帮的劳动者多来自同一地方,出身地点不同的不准入帮,我们只要知道某帮名称,即知道该帮分子是哪地方的人。

苦力帮的另一任务是对外保持信用。帮中劳动者搬运时,对于雇主货物的质及量都要负安全的责任,不能有所毁坏或丢失,否则必须赔偿。故这些下级劳动者虽穷,也因帮规关系,没有偷窃的行为。

二、各地苦力帮之一斑

(一) 青帮

在清代曾有五六十年的历史。清时,长江流域出产的米,由运河运往北京。但运河流域,土匪横行,输运时感不便。于是由当时运河沿岸的土匪,以最大的白水村土匪团作主,呈请朝廷,开始包运粮食,把它造成一种职业行会的结社。这是它的起源。起初把帮分成三部,约有二千条运粮船及数千人,但后来加入者甚多,逐渐增至五六万人。道光末年长发贼乱起,运河交通阻塞,清朝乃取海道运粮,于是他们的团体无事可干,改营别的生活去了。

(二) 北京的抗夫

李幽影《北京劳动状况》[①]:"头目应下事来,分派那抗夫,叫谁去谁就得去,不得争先退后。抗夫所挣的钱,都得照规矩分给那头目。因为那头目不但管应买卖,他还负着挺大的责任,人家把东西完全交给他,有丢失伤损等事,那头目就得赔偿。抗夫的头目,成天联络各嫁妆铺、各木器铺等,因为这些铺里卖出去的物件,大都用抗夫包送。"

(三) 芜湖的码头工人

高语罕《芜湖劳动状况》[②]:"他们的码头都有势力范围的;就是这一帮占的地段,不许那一帮侵入。民国二年寿州帮和山东帮争码头,据说打死几个人。然而他们并不打官司,你打赢了,这个码头,就是你的,我打赢了,这个码头,就是我的。究竟现在是哪几帮呢?有寿州帮,有合肥帮,有奋帮。什么叫奋帮呢?就是山东、徐州、宿州一带的人。就中以寿州帮势力最大,合肥帮次之,奋帮又次之。"又云:"工人对于工头,毫无感情可言,

---

① 原文载民国九年的《新青年》第七卷第六号。
② 原文载民国九年的《新青年》第七卷第六号。

不过平时赖他领给工资而已。工头对于工人，督率他们工作，一方对于雇主担负货物保险的责任，一方对于工人担负发给工资的责任。不过他们多是"上下其手"，剥削工人生活的滋养料，去肥他们自己。然而工人还像孩子离不掉娘似的，非要他不行；至于雇主借他去牢笼工人，更不用说了。"

（四）上海的苦力帮

（1）码头工人。李次山《上海劳动状况》[①]："背包小工，每背一包，至多只拿着二十文，到要捐出一文半钱，作为公款，以备对待外来野鸡工人，和抵抗外侮的用哩。他们这个办法，多少含有一点团体的意思，却看不出他们团体究竟怎么组织。他们对外，还是严守秘密的。"

（2）间夫萝。同上文："上海俗名萝间，近来闸北始改为肩运公会。统计全埠有十余家，各分地段，不得相扰。如南市有事，须用南市萝间，北市不能越俎，共有工人二千余名。此辈分强弱，强者任抬轿、输送砖木石料喜轿丧棺各事；弱者形同乞丐，由赁器店向萝间支配，任丧葬喜事之仪仗，定价极廉，仅得一饱。"

三、现今的苦力帮

苦力帮的劳动者只是出卖体力，并没有与生产技术发生直接的关系，故欧美资本主义输入我国以后，旧来的行会制度尽管衰微下去，它却屹立不动地仍旧保持着行会独占事业的精神。关于这点，现在且拿天津的脚行及连云港的苦力帮来作例证。

（一）天津的脚行

民国廿二年(1933)十一月十七日天津《益世报》载有天津脚行因争地盘而械斗的新闻，其标题为"脚行争菜市，三百余人大械斗"，现照录如下：

> 本市人刘九，年四十四岁，住东马路南斜街，向于公安局南菜市

[①] 《新青年》第七卷第六号，民国九年(1920)。

第九章 近代的苦力帮

中,充当脚行首领,有脚夫不下百人。凡菜市一带,所有起卸货物之事,均须归刘办理,他人不得稍有侵越,以故收入甚丰。有王文彬者,年二十五岁,住河东阎家台一号,向在河东一带充当脚行,近因市面萧条,生意不佳,生路日渐窘苦,实属无法生活,不得已,违反行中规例,不时偕人过河,至菜市一带,替人装卸货物,得资生活。讵知事为刘九侦知,以王擅敢破坏旧规,无异夺人饭碗,愤怒万分,遂于昨(十六日)上午十时许,乘王文彬等为人装货之时,赶到质问,言语冲突,双方各集脚行,不下三百余人,发生空前之大械斗,王文彬共中刀伤三处……嗣由一区四所所长桑振山,一区二所所长周建岐,闻讯皆率警先后赶至,众始散去。当由警将王、刘二人带所,经讯据王文彬供称:我是脚行,今天在菜市卸菜,正卸之际,突有刘九,上前不许我卸菜,向我勒索大洋二十二元,方准我卸,我未给他,他竟用刀将我剁伤云云。复据刘九供称:因王文彬故意劫夺码头生意,发生争打是实,致所有之刀伤,实系伊自残,以便讹索等语。……截至当晚,菜市一带,尚有双方脚行数百人,在四外潜伏,预备寻衅。幸赖该管区所之防范周密,未致发生意外云。

(二) 连云港的苦力帮

民国廿二年(1933)十一月二十九日天津《益世报》载有一消息,标题为"连云港青红帮准备械斗",内容如下:

> (徐州二十八日中央社电)路讯:陇海路建筑之连云港,正在进行期间,现关码头十二个,孙家山临时码头已经开航;惟各处青红帮为争码头之搬运事务,现互斗至烈,共分上海、青岛、河南、海州四帮,各集部众,准备大械斗,图霸搬运,虽有税警团武装弹压,然亦罕效。路局除派车务处长前往调处外,并商请铁甲大队司令蒋锄欧,派铁甲车一列,驶赴孙家山武装调处,亦未解决。刻路方为救济海陆联运便利起见,暂以路警及保安队搬卸车船货物,并呈请铁部莅海解决云。

这事较详细的记载见于民国廿二年(1933)十二月七日上海《时报》的

"徐州通信"中：

连云港现在建筑期间，将来地利发展，商务繁荣可期而待。陇海铁路为实行海陆联运，除在老窑建筑正式码头方在动工外，唯为顾及暂时之运输便利起见，先就孙家山机车厂附近辟造临时码头，已于上月二十日完成，开始海陆联运。该处日前盛传有上海、青岛、河南、海州四帮大批搬运夫，为争霸孙家山老窑间之搬运权，引起争斗，暗潮澎湃，形势恶劣。嗣铁部否认此事。顷有陇海路局前派赴海州调解此事之要员某君，于三日晚由孙家山返徐，记者特往访，叩询此事之真假。据某君谈称……前当孙家山及老窑两处码头建筑时，即有各方向管理局介绍搬运头及帮主，谓可统率大批人夫；同时大浦码头之原有帮主人夫，均拟移到孙家山；同时孙家山老窑当地人夫，亦表示该处为其乡土，外人不得迁住霸居码头，因此暗潮酝酿。其内部有自分所谓上海、河南、青岛、海州各帮，确有互相发生械斗之势。

第十章 结 论

一、行会制度的利弊

(一) 利益

1. 道德方面

(1) 勤勉。工商业者依照行会的习惯,从少年时起便做徒弟,受师傅的陶冶,除正月及行会祖师祭日的例假外,一年 365 天都晨起晚寝,不择衣食,不畏辛苦。行规对于伙计的薪水、奖励金都有规定;若伙计有不正当行为,则此店解职后,他店不能使用,故他们不得不努力尽职。于是养成了勤勉的习惯。

(2) 信用。行会禁止同业者间的自由竞争,对于商品的尺度、品质及价格等都有详密的规定,违者受罚。这种信用的保持,不特使同业者互相协调,俾营业跑上繁荣的路,而且令到消费者以合理的价格来购买品质优良的货物。

(3) 互助。同业者彼此有联结,常在一定的时间及地点来谈论本业情况,若其中有濒于危殆或遭遇其他不幸者,则协定以救济之。这种互助的精神,在同乡的行会中发展得尤为透彻。

(4) 人格地位的提高。个人与个人间没有团结成一组织,只是一盘散沙似的各自为政的时候,力量是不会表现出来的,从而个人的理想与人格亦只好湮没于无闻。可是,这一盘散沙给士敏土黏结为坚固的壁垒后,伟大的力量发生了,从而地位亦提高了。关于这点,我们且以温州的理发公所为例。清代理发业者,如奴隶那样,没有应考科举的资格。他们同业者间不甘心处于这样低微的社会地位,遂发奋有为,不顾贫苦的共同醵资来建立公所,于是以强有力的行会为后盾,同心协力地与该地官厅交涉,要求准予应考科举,结果卒得后者的批准。①

2. 政治方面

行会制度下,同业者团结巩固,能独占一业,无所谓自由竞争,从而如工业革命后那样贫富悬殊的阶级没有发生的可能。而且,在这样工商的组织下,阶级意识是不会产生的。手工业方面固然有老板、伙计和徒弟的分别,但伙计与老板同样的是手工帮内的会员,徒弟满师后可进而为伙计,更可进而为老板,其地位不是绝对的,而是相对的,所谓师傅(即老板)与徒弟的对立,只是时间问题而已。商业方面,以商店为单位来加入行会,合股组织的商店固然有资本主义的臭味,但股东与店员以一定的比例来分配利润,股东大抵以得到一定的利息和利润为满足,至于店务则交付与掌柜;掌柜和他以下的店员虽有地位的差异,可是绝不是固定不变的,有缺额时店员也可升作掌柜。阶级意识既没有,劳资的阶级斗争自谈不到,从而政治上便可安宁无事。

3. 经济方面

(1) 生产交易的发达。中国的交通技术向不发达,以致水陆都是盗贼横行,通商路则税局密布,在在都足以阻隔交易的进展。加以保护实业的法制不备,上至王公,下至胥吏,均以膏血的榨取为事,而所在的豪族、恶棍更是为害地方,生产之仍为地方自给自足的形态是意料中事了。然而,内地数千里及海外的交易却盛行不已,绢织物、陶瓷器及杂货等工业中心地亦相继发生,天津、重庆、汉口及广东等大市场更日益繁荣,这又是什么缘故? 这由于受过行会训练的工商业者,不论天南地北,只要是利之所在,都携同他们优良的土货或特长技能前去,于是以同乡或同业的关系来组织行会,从而利用行会雄厚的力量来排除障碍,开拓市场。

(2) 列强经济侵略的防止。行会对外的反动力极强,加以民族意识的浸润,故很猛烈地抵抗外人经济的侵略。在上海、汉口、天津、广东及营口等大市场中,外人与中国商人发生纠纷时,后者有行会的威力为其后盾,前者多惨败于他的锐利武器——同盟抵制之前,上述上海四明公所及汉

---

① Macgowan: *"Chinese Guilds or Chambers of Commerce and Trade Unions"*, p.183.

第十章 结　论

口茶业公所对外的斗争便是例证。

(二) 弊害

中国的行会制度,因为符合中国的实情,故能次第发达,得到上述的种种利益,可是,流行了二千多年以后,随着环境的渐次变化,弊害亦相继发生,而以列强帝国主义侵入以来为尤甚。现举其弊害的主要之点于下:

1. 政治方面

在四方杂处的大都会中,行会每多至数十百个;它们根据各自的习惯来制定规约,以适用于会员——甚至及于会员以外的人物。如汉口各行制定的货币单位共有三百多种,这样一来,工商业的统制未免太过支离破裂了。这种制度本是中国历史的产物,不能遽行加以是非善恶的论断;可是鸦片战争以来,外受资本主义的侵略,国运日益危殆,国民正应打成一片以抗列强的时候,行会各自的订立规约实增大国家的离心力,使国家的一切统制不能集中。

2. 经济方面

(1) 改良进步的妨害。行会的事业独占成功后,因为排他性大,自然而然地要陷于保守。这种弊害以智识缺乏的手工业者为尤甚。手工业者以为技术是神授的,于是以宗教的热情来维护它,不问事之善恶或便不便,唯旧习惯是重;若加旧习惯以丝毫的改变,则捧出"妄议更张,不达时务"的"莫须有"来作反对的理由。因此,用新机器来生产的人自然要被他们抵制了。以前广东某制丝家,鉴于时间金钱的节省及制品的优良,从法国买进一制丝机器。成绩甚好,有欲仿效之者,可是却触怒了其他的同业者,机器遂被破坏。[①] 传说中国建筑第一条铁道于吴淞上海之间,通车那一天,中国人民见火车这种怪物会在地上走动,以为不祥,遂醵资收买该铁道而毁坏之。这也许正中各行会会员的心理吧! 故起初本是用来发展生产的行会制度,到了末期便反为妨害它的进步了。

(2) 对外竞争的不利。行会会员的企业规模不大,而主持企业者又多

---

① Macgowan: *Chinese Guilds or Chambers of Commerce and Trade Unions*.

是经多年历练,由徒弟而伙计,进而升作师傅或掌柜的人,除墨守旧法外,并无新知识的获得。这当然不是由雄厚资本及优秀人才结合而成的欧美企业家的对手了。

(3) 财阀的专横。商人究竟是容易致富的,时机来了,会员一有了贫富的差异,行会的实权便归富商所有,平等民主的话只成了梦呓。这自宋代起已是这样,到了近代尤为剧烈。

二、行会制度的衰微

(一) 衰微的状态

行会制度在中国有久远的历史,发生过很大的作用,它的功能是仍存在于我们的心目中的;然而因为时势的推移,环境的改变,尤其外来的资本主义侵入以后,它也就一天一天地越来越赶不上时代,而陷于衰微的状态了。

据伯尔扎斯调查北京行会的报告①,在北京的 40 个行会中,只有 16 个增加了会员数目,其他 18 个则减少,余 6 个则仍维持现状。当时北京征收外来货物的入市税,以保护本城制造同种货物的行会(因北洋军阀利于割据,为防阻南方革命风气之袭来计,有拥护旧来行会制度的必要),故有这样的现象,但亦可看见其衰微的倾向了。广东方面尤为显著,据民国十六年(1927)三月该省政府的报告②,在 180 个劳动组合内,有 74 个是由旧式行会改造来的。若把行会的内容探讨一下,更可知道它的衰微已成不能否认的事实。伯尔扎斯告诉我们:行会对于商品的质量及价格之统制,已无能为力;至于工钱的共同规定,手工业者方面,16 帮中只有 9 帮仍旧实行,而商人方面则 18 行中连一行都没有实行。③ 格布鲁亦说:"在河北南部,家造手工帮曾联合 60 万职工反对——斗争一开始,不是为生存,而是为死亡——大手工工厂业和蒸汽纺织机,并禁止自己的帮员受这些

---

① Burgess: *The Guilds of Peking*, pp.216-217, Table XIX.
② [日] 根岸佶:《支那行会的研究》,第 357 页。
③ Burgess: *The Guilds of Peking*, pp.191, 193.

第十章　结　论

企业的雇用。整个问题在于帮口的这种禁止能够实行到怎样的程度,以及如何保证自己帮员徒手劳动的工钱。"[①]

(二) 衰微的原因

1. 内在的原因

(1) 行会制度发达至最高点时,各手工业者都实行精密的分工,你干这个,我干那个,双方都是互不侵犯的;你本来是干这一行工作的,忽而也去干干那一行的工作,那就无异夺人饭碗,要受很严重的惩罚。可是,由质变量,由量变质,分工到了最精密的时候,行会制度仍复是本来的面目吗？马札亚尔《中国经济大纲》第三章说：

> 在杭州、上海、南京、浙江、福州、苏州,扇的生产组织在行会的基础上有以下的形式：
>
> 一种商人买竹子和一般扇子的木材部分。另一种商人买纸等。在第一个制造所中用竹子来制造扇子的骨子和格子,在第二个制造所中制造纸料的部分,在第三个制造所中履行木料部分的工作,在第四个制造所中履行刻画的工作,如果这种工作也有地位,那在第五个制造所中就是装置扇子。在乡村和城市中,制造扇子的行会手工业到处可以看到。大家在手术的履行上,都极嫉妒地保持自己的权利。如果有谁从旁谋害了属于一定种类的手工业者之生产过程的某部分,便必然的会激起一种波澜。
>
> 此地行会的分工达到了逻辑的完成,已不是个别的生产部门(造扇),而是这种生产过程之一定的部分说明了一定种类的工人之行会的垄断。此地行会制度是否保持了自己的本来面目呢？完全不是那回事！有些批发商社以材料供给制造所,并且这些制造所的工作是为这些商社而履行。另一种情形,就是批发商社和零卖商社从手工业者那里占买现成的扇子。因此,手工业者事实上是商业资本之血汗的家内工人。

[①] Gamble：*Peking: A Social Survey*. p.201.

（2）师傅对于徒弟固是一家亲似的，如父兄之爱其子弟；可是事实上，师傅之虐待徒弟而滥用其专制的淫威者亦复不少，加以自由平等的呼声洋溢宇内，稍有自觉的徒弟当然起而做解放运动了。例如湖南理发业帮的徒弟，要求增加工资和废除各种不平等的习惯，但惯于行会精神的老板（即师傅）们不赞成，因此徒弟就共同罢工，结果：他们自由去开设新店，而打破那种头目制度的旧规。老板们遂起诉，以官宪威力来封锁新店，捕拿职员。徒弟不服，全体罢业，同时议决下列各案：

① 收入以四六分配；
② 平分理发公所的财产；
③ 不受头目制度的陋规束缚；
④ 另行组织理发工会，以谋巩固的团结；
⑤ 释放被捕职员，并规定救济法。

其后虽经调停了结，但徒弟之脱离旧制而自设新店者日益众多。

2. 外来的原因

（1）文化进步的打击。行会制度偏于保守，这在闭关时代还不成问题，可是海禁大开，西洋文化东渐以后，它的合理与否便被人怀疑了。最明显的是对于本业祖师尊信的观念之减退，这以较开通的商业行会为尤甚，其行规甚至明目张胆地说不拜祀祖师。上海酱油业公所条议："同业中有秉教不同者，故堂中权宜，无供献等期。拟以每年分四季，四次设筵公聚，以敦和谊。"据伯尔扎斯的报告，北京 39 个行会中，无祖师者四，近年废止祭礼者九，不明者一，而 17 个商业行会中，举行祭礼者亦不过半数。①

（2）需要减失的影响。因时势的推移，某物失却了当代的需要性后，制造该物的行会亦从而衰微下去了。如旧式烟袋、剑等行是也。又如西式帽代替了瓜皮帽，煤代替了木炭；前清官吏朝服的装饰品，因政体改易，遂无人用；以前官员出游时，有大队马跟班随着，故马靴的生意很好，但自

---

① Burgess：*The Guilds of Peking*，p.176，Table Ⅹ.

第十章 结 论

有了汽车及改元民国后,马靴便失其效用了。制造这些历史上的遗物的行会,因为它的会员多已改业或被淘汰,故早已奄奄一息,无能为力。

（3）资本主义的侵入。欧美资本主义的巨涛,以猛烈的势力来打击中国,同时促进了中国资本主义的勃兴。纺织工场兴起而纺车废除,代替了磨坊的面粉厂到处成立。资本化的范围逐渐扩张的结果,行会被废而新的工场和劳动组合出现了。行会无论怎样地严密规约,固守壁垒,以作最后的挣扎,而拥着雄厚资本的新式工场还是出现,采用最新机械和由于分业的经营方法,以冲破他们的城堡。行会是怎样败退的？马札亚尔《中国经济大纲》第三章说：

> 资本主义只顾自己。从一切方面——自内的和自外的——去侵蚀中世纪的帮口和行会。关于这个,目击者也举出了非常有兴趣和有研究性的证据。美国商业代办亚尔诺德指明道,"必须注意到,在中国,竞争颇为激烈,并且我们相信,帮员以低于确定的价格出卖,即帮口亦不能制止"。广东的美国领事说道："帮口要求他自己的帮员,要他们应用和保持支付与清算之同一的条件。许多帮口的帮员秘密地破坏这种有开除出帮的法规。"

三、现今的行会制度

由于上述的原因,我国行会制度的衰微已然是不可否认的事实。然而,事实上又不全是如此。我们绝对不能坐井窥天似的只看见某一方面是这样,便说全体都是这样,而在观察我国近代繁复万分的社会现象时,更应时时刻刻地保持着这种态度。资本主义之侵入我国,已几近百年了,其破坏我国两千余年以来都存在着的行会制度亦不可谓不深了；可是,形式上,实质上,在我国历史上久已根深蒂固的行会制度仍旧苟延残喘地存在着,实又是不能否认的事。它的寿命为什么会有这样长？第一,民国以来,政府号称统一,但封建残余的势力仍旧保持着,而帝国主义因为要利用它（封建残余）来作侵略我们半殖民地的国家的工具,也乐得它的依然存在。一方面，封建残余的军阀利于地方的割据，而不利于国家的统一，故行会制度之支离灭裂的破坏工商业的国家统制，正合军阀们的意思；别的方面，军阀连年内战，不暇保护人民的生命财产，工商业者只好巩固行会的组织以自卫。第二，国内交通不便，风俗语言因各地而异，文化程度亦有不少的差别，地方色彩浓厚的结果，人民每依同乡的关系来组织行会。第三，除了较大的通商口岸以外，内地资本的蓄积不大，从而大规模的企业亦不多，故行会仍有生存的余地。

事实胜过雄辩，现在且让我们看看例证。商会的成立，似已打破旧来的行会形态，但这只是形式而已，实质上绝对不是这样。民国以来，内乱频发，军阀横行，商会乃募集商团来保护市民的生命财产。例如前数年广东设置的强有力的商团，不单能防御城内，且可以镇压近郊数百里，其作用与中世纪威尼斯(Venice)、热那亚(Genoa)等城之行会所尽的责任实没有多大差异。此外，我们可就天津、北平两地，各举一例。民国廿二年(1933)十二月廿七日天津《大公报》载有"天津的瓦、木、油作"，其内容如下：

> 瓦、木、油三种匠人，是建筑事业中的主要份子。他们授徒的方法和工作的情形，累代传袭，各有不同之点，就是他们所操的手艺，也有多种。在津市除一部分在工程司擘划下工作者外，大多数还在过着历年传下来的窳败生活。
>
> ……
>
> 木匠是要先拜师的。拜师时俗称"写字"，由工徒的父母亲属送与师傅学艺，按例以四年为满期。在学艺期间，徒弟的手艺，无论如计何好（如何的好？），所做活计得的代价，概系师傅的利益。倘要中途辍业，有按天折算饭钱二角者，都要在立字时写明，不得反悔。遇有包工活时，木匠带着徒弟去上工，自更可多得工分。四年期满，便要把同行的匠人宴请一番，公众证明某人是某人的徒弟，然后方可单独出去做活。在学徒期间，按规矩也是不得歇工的，但倘必要歇工而又歇得日期稍多时，则在满期后便要留这徒弟效力几个月。普通木

第十章 结 论

匠上工、下工的时间,是依泥瓦匠为标准的(按即早晨八九点钟上工,下午到日没时下工)。工资在做散活时,除讲定某件家俱(具?)工价若干者外,每天亦为七角;至于那背着木箱和锯刀斧刨等物,沿街吆喝做"木匠零活"的,则每天多时或竟可挣一元上下,少者早晚两工也只不过五六角钱而已。

油漆匠"养徒弟"的办法,大略与木匠相同;只是这种匠人,须要懂得的手艺甚多,如彩画、裱糊等,种类繁杂,自然学时较难。偏于"油漆"方面的,如粉饰墙壁,油漆门面木器,甚至于棺材,和赁货铺里的亭座;彩画则如画壁涂梁;裱糊则如扎纸人、纸物,糊旧式屋顶。遇有豪富人家死人时,纸扎"阴执事""开路鬼",都是他们的财源所在。每天工资,也是除预讲定价者外,每工七角。工作的时间亦大致与木匠无异。在购买油漆以及糊屋所用的纸张时,油漆杂货店例有他们的扣佣;即或你自己去买,事后他们拿了那盛油的空纸皮,也可要钱。三种工匠长短工生活情形,大略如此。

由此可见天津的手工帮对于徒弟制度及工资规定仍是很严格的实行着;尤为有趣的,是他们的事业独占性还是一样的保持着:"在购买油漆,以及糊屋所用的纸张时,油漆杂货店例有他们的扣佣。"又,民国廿二年(1933)十一月十八日北平《晨报》载有"一个小营生,打鼓儿的调查",现转录如下:

打鼓儿的,是北平一部分穷人的买卖。依此为业者,据社会局的调查,全城不下六七百人。老老少少,传统授徒,干得非常起劲……

营此种事业的,都是一般下级劳苦的同胞。他们有三种分别:第一种常常是两个人或两个人以上为一班,每天夹着一个小布包,里面装着戥子,变金石等类必需的东西,穿行大街小巷,专门收买各住户的旧有首饰。他们身旁,至少须预备着六七十块钱的现金,以便收买他们所要买的东西。第二种,每组亦有自一人至二三人不等,挑竹筐一对,一面走,一面打着那皮制的小鼓,喊着:"破铜烂铁我买!""报纸来买!"他们的宗旨专门收买各家的破旧衣服、家具、文具、旧电料、钟表、刀剑、车辆等物。第三种和第二种性质相差无多,但衣饰稍旧,行头不新,资本低微,他们收集的东西,只限于报纸、洋瓶子,此外还代换洋火……

他们也有组织、会规,据说很严,各作各的买卖,两不相犯。第一种因为他的资本大,资格高,有师傅传授过,所以他们的地位,在同一行中,往往是较旁人为高,眼里瞧不起人,这当然是意料中的事。于是乎他们无形中发生分立的形势,第一、第二两种打鼓儿的,乃联合成了一气。

关于他们的规矩,据说很是简单,最重要的就是不准互相争买一物。如李某在某处揽得玉镯一只,给价五元,物主因价低不售,交易未成而去,那么王某再来时,必须细察该镯上是否有暗记(此暗记是表示曾给价若干,使同行中他人一视须知暗记之为何。然多严守秘密,不告外人)而出同一的价格,甚或不足五元。总之,该镯由打鼓儿的给过一次价之后,而未曾卖出,则以后另经一打鼓儿的出价时,绝没有超过五元的。此项规矩,同行者绝不能加以破坏,否则必群起而殴之。

又关于他们彼此询问价目之时,不能用嘴说,而代以手,但手式须在袖口里表示。如甲与乙在半途相遇,谈及某次之买卖,甲向乙出价若干,两人必须各以左手互相在长袖内相握,口中云:"我给的是这个数。"到底何数,外人不知也。

天津和北平都是中国现今有数的大都市,而行会组织仍是存在着,则交通阻塞的内地更可想而知了。最近,国内与国外,统制经济的声浪很是刺人耳鼓;若果我们要替统制经济在历史上找一根据,那么,恐就是行会制度了。自然,因时势的不同,二者控制的范围、性质亦随之而异;可是,一脉相传,二者在精神上总是前后有多少关联吧。